# 달빛을 등에 지고

안행덕 시선집

# 달빛을 등에 지고

**초판1쇄 발행** 2021년 8월 16일

**지은이** 안행덕
**펴낸이** 이길안
**펴낸곳** 세종출판사

**주소** 부산광역시 중구 흑교로 71번길 12 (보수동2가)
**전화** 463－5898, 253－2213~5
**팩스** 248－4880
**전자우편** sjpl5898@daum.net
**출판등록** 제02-01-96

ISBN 979-11-5979-448-3 03810

정가 12,000원

부산광역시 BUSAN METROPOLITAN CITY 부산문화재단 BUSAN CULTURAL FOUNDATION
본 도서는 2021년 부산광역시, 부산문화재단 지역문화예술 특성화지원사업으로 지원을 받았습니다.

# 달빛을 등에 지고

안행덕 시선집

세종출판사

신국현 시인님과 황금찬 시인님

「서울 예총회관」후백 황금찬 문학상 수상식을 마치고 케익 커팅식

제 2회 황금찬 문학상 시상식 시작 테프 자르기

「금정 문예」병산 송예원에서

# 詩選集을 묶으며

걸어 온 길 돌아보니 어느덧. 황혼 길에 들어섰는데.

아직도 나는 나를 모른다.

대체 나는 어디서 와서 어디로 가는지…….

환갑이 다 되어서 겨우 글쓰기를 시작한 나는 아직 할 말이 많은데, 아름다운 소리에 목멜 뿐, 고장 난 거문고처럼 방구석 모서리에 비뚜름히 기대서서 못다 한 소리라도 있는 것처럼 보이지 않는 허공에서 줄을 당겨 보지만 이미 낡은 악기는 엄살 반 울음 반이다

첫 시집 『꿈꾸는 의자』를 시작으로 시조집 『노을 속으로』까지 8권의 시집과 산문집 『여행은 추억을 만들고』를 다시 돌아보며 20여 년의 문학 활동은 미비하지만, 나에게는 소중한 성취감과 충족감을 안겨 준 작품들이라 내 삶의 위안이었고 보람이었기에 누군가가 나에게 詩에 얼마나 충실했냐? 물어 온다면 부끄럽지 않은 당당함으로 나에게 詩는 사랑이요 위로였다고 말하고 싶다. 내 詩에 공감해주는 애독자님과 작품 해설을 해 주신 선생님들께 진심으로 감사하고 고마운 마음을 전한다.

2021년 여름 湖月 安幸德

## 차례



제1부
### 꿈꾸는 의자

## 제2부
# 숲과 바람과 詩

## 제3부
## 삐비꽃 연가

## 제4부
# 비내리는 강

## 제5부
# 바람의 그림자

## 제6부
# 빈잔의 자유

## 제7부
## 푸른 시선에 가슴을 베인 듯

제8부

## 노을빛 속으로

제1부

# 꿈꾸는 의자

**제1시집 - 꿈꾸는 의자**

책나무출판사. 2008년 출간. 정가 8000원

대표시 - 항해. 수의를 짓다

# 파도에 젖은 마음

천지간에 홀로인 듯 외로운 마음
바다를 배경으로 멍하니 서 있다

취한 듯 비틀거리는 하얀 파도는
수많은 언어로 백사장에 얼룩진 추억을
차르르 차르르, 지우고 있다

전설 속으로 사라지는 제 그림자가 아쉬운 듯
다시 뒷걸음질 치며 절룩거리는 파도를 보고
아픔을 베고 누웠던 성근 모래알
알았다는 듯 고개를 끄덕이며 달랜다

성한 것이 있으면 멸하는 것도 있을 터
노怒하지 마라 노怒하지 마라
울음이 들어 있는 젖은 바다를 달랜다

## 달빛과 거미

열이레 달빛이 처마 밑 어둠을 밀어낸다
어둠에 익숙한 거미 한 마리
조심스러운 사냥을 꿈꾼다
조심조심 묶어둔 거미줄에 걸린 환한 달빛
살아서 퍼덕거린다
한번 걸린 먹이는 놓아 줄 수 없다는 듯
예리한 발톱으로 줄을 당긴다
출렁, 외줄을 타는 광대처럼 날렵하다
풍경도 없이 사라지는 척
바람에 흔들리는 달빛을
슬쩍 바람 사이에 가볍게 옭아맨다
그렁그렁한 슬픔 하나 어둠에 매달아 놓고
보이지 않는 덫으로 달빛을 유혹한다

# 난설헌에게

선계仙界를 그리며
갓 핀 부용처럼, 수련처럼
애잔하게 피었다가
짧은 생을 애달게 울던 사람아
양유지사楊柳枝詞 흐르는
그대 거닐던 호반
눈썹 같은 버들잎 사이로
저고리 고름 풀리듯
대금 한 소절 나를 휘감는다

호반에 어둠으로 묻힌 그대의 시간
하나둘 일어나 나를 흔들고
호수를 흔들어도
선계의 도량 읽어내는 재주 없어
서럽기만 하여라

채련곡採蓮曲에서 연꽃 따 던져 놓고
반나절 부끄럽다고 하더니
이제는 애타는 그리움 없고
부용꽃 떨어지는 애절한 사연 같은 일 없을 터
(그래서)
나도 그대 계신 선계를 그리워하네

# 애니깽Anniquin

– 龍舌蘭

인생 역전을 꿈꾼 것이 죄였다
돈에 눈멀었고 밥이 그리워
짚신 신고 멕시코 유카탄 메리다 농장에 갔다

에네켄을 자르기도 전에
가시는 짚신을 뚫었다
붉은 피는 용설란의 끈적한 젖이다
삼베 등걸에 젖어 든
한 많은 땀방울 질척거릴 때
사정없이 내리치는 적의의 채찍질
콸콸 쏟아지는 분노 참을 수 없어
늙은 아비 우물에 밀어 넣고
밤새도록 공동묘지에서 혼자 가슴을 치며
무릎을 꿇어 벌을 서기도 했다

김가는 킹이라 불렸고 이가는 가르시아라 했다
최가는 산체스가 되어 에네켄 가시 숲에 인생을 묻고
그렇게 유령처럼 살았다
그랬다
뜨거운 불볕도 에네켄 가시도
끓는 피의 분수를 막지는 못했다

# 강

강 같은 나이를 아시나요
쉼 없이 깎이고도
참 ~
편안히 흐릅디다 그려,
모난 돌에 할퀴고 벼랑에 부딪혀
퍼렇게 멍이 들어도
그 아픔 참을 수 없어 몸을 뒤틀며
그래도 쉼 없이 가야 하는 길
잊혀갈 세월 서러워
잘게 부서지는 푸른 신음이
햇볕에 그을려 눈이 부시다
글썽이는 눈망울 같은
울먹임이 물비늘 되어 반짝일 때
세월의 아픔을 안고도 처연히 흐르는 강물
저 같은 속 깊은 가슴이 되고 싶다
눈부시도록 아름답게 비워 내고 싶다
흐르는 세월처럼 처연해도
아무도 몰라주는 나이
속 깊은 저 강물의 나이를 아시나요

* 2009년 후백황금찬 문학상 시상식 낭송시

# 마중물

마중 가고 싶다
누구를 마중 간다는 것은
풍선이 하늘을 나는 것 같겠지
그리움이 간절해지는 내 영혼 위로
달맞이꽃처럼 슬픈 사랑이 운다

마중 가고 싶다
누구를 기다린다는 것은
마음 설레는 행복이지
울음이 들어 있는 허기진 내 영혼 위로
섬 같은 그리움이 지나간다

마중 가고 싶다
애타는 기다림에 목이 마를 때
마중물 되어주면 눈물 나겠지
허기진 정 때문에 세상이 텅 빈 듯하다
갈증을 풀어 줄 환한 물소리가 그립다

# 내 바람 되거든

제상 위에 다소곳한 어머니
흑백 사진틀에 갇히신 지 어언 20년
해마다 그 자리 그곳에서 젖은 눈으로
어김없이 나를 기다리신다

경전을 펼쳐 놓은 듯 차려진 제수 사이로
파릇파릇 새순처럼 돋는 그 옛날
봉숭아 꽃물을 들여야 저승길이 밝아진다고
손가락 흔들며 내밀던 파리한 손
안개 같은 추억이 향처럼 피어올라도
그때는 몰랐네

퇴주잔에 술잔 비우는 내 손가락
어머니를 닮아가는 걸 이제 알겠네
기도 같은 촛불 앞에 나는 어머니와 잠시 마주 앉아 있네

부드러운 음률로 전해주는 그 사랑 노래
모정의 혈이 뜨겁게 내 손끝에 전해지는데
나를 대신해 눈물 흘리는 촛농은 율법처럼 쌓이고
조금씩 흐려지는 그 빛이 두려워
후다닥 일어나 축문에 불을 붙이고
재가 된 당신 뜨거운 고백,
고운 넋 두 손으로 받들어 바람에 실어 보낸다
어느 하늘가 그곳에
내 바람 되거든 그때 허공에서 다시 만나리

# 수의를 짓다

떨리는 손으로 어머니 수의를 짓고 있습니다
머지않은 날 홀연히 떠나신다기에
노란 안동포 삼베 한 필 끊어다
어여쁘신 날개 수의를 짓고 있습니다
빈손으로 왔으니 빈손으로 가야 한다고
주머니조차 만들면 안된다고 하십니다

이승의 맺힌 마음 저승으로 가져가면 안 된다고
매듭을 지어서도 안 된다 하십니다
실 끝을 옥매지도 말라 하십니다
치자열매 노란 빛깔 흘러나오듯
어머니 지나오신 발자국이
눈물에 번져 흐려집니다

한 많고 설움 많아 떨치기 힘든 세월
차마 놓지 못하시고
눈꺼풀 무겁게 붙들고 계십니다
훨훨 가볍게 한 세상 날아오르시라고
금빛 날개 고이 달아
어머니 수의를 짓고 있습니다

## 산사의 여인

산사의 아침 햇살 너무 맑아
속세의 쌓이고 쌓인 검은 속
탁 털어 말리고 싶다

파란 하늘이 푸른 물인 양
처마 끝 단청을 유영하던
물고기 지느러미 한가롭게 흔들린다

부처도 모르고 불자도 아니면서
법당을 기웃거리는 속절없는 여인
귓전에 수런거림이 두렵다

저 혼자 흘러들어온 부질없는 욕심
목탁 소리에 마음의 빗장을 열고
누수가 되어 소리 없이 흘러가는데

부처를 닮으려는 순한 마음
눈물 마르기 전에 순해진 저
처마 끝 물고기를 닮아야지

# 도둑놈 가시

– 도깨비바늘

험한 숲을 헤쳐 나오니 바짓가랑이에
달라붙은 도둑놈 가시
언제 그렇게 감쪽같이 매달렸는지
그냥 털어서는 절대 떨어지지 않는다
집게손가락으로 하나하나 떼어내야 한다

숲 속에 숨어 있던 도둑놈 가시 같은 사람
조용한 내 마음에 확 달라붙은 그날부터
감쪽같이 바람처럼 보이지 않는 가시가 되어
무시로 지친 사랑을 뽑아내도 끝없이 아리다

나도 모르게 내 가슴에 들어온 시퍼런 독 가시
아무리 흔들어도 털어내도 떨어지지 않는다
날이 가고 달이 갈수록
시퍼런 상처는 울음이 되어 매달린다

# 바람은 알까

3호선 전철은 신사동을 지나고 있었어
그때 무심한 사람들 사이를 헤집고
팝송 한 자락 절룩이며 애절하게 걸어왔지
다리에 쥐가 난 무희舞姬 같았어

신사 숙녀들의 가슴을 파고드는 노랫가락
밥 딜런의 바람만이 알고 있지가
그의 목에 걸린 트랜지스터에서 간절히
밥, 밥을 찾고 있는데
그의 입은 놀란 조가비처럼 닫혀 있었지

통로를 찾아가는 그의 발끝은
점자를 읽는 손끝처럼 조심스러웠고

아무도 지갑을 열거나 지폐를 꺼내는 사람은 없고
모노드라마를 보듯, 그의 조심스러운 발끝만 보고 있었지
전철 안을 풍문처럼 떠돌고 있는 바람은 알까
어둠을 밟아가는 그의 발끝은 점자로 된 암호를 풀어내듯
허기진 빛을 찾아 조심조심 바닥을 더듬어 갔지

# 초례청醮禮廳에서

원삼 족두리
홍의 대례복을 보는 내 눈이 시리다
내 살점 떼어내어 이슬처럼 고이다가
아직 여물지도 않은 것을
바람 앞에 내놓았다

낯선 세상이 부끄러운 듯 꼭 감은 두 눈
무언가 먹어야 한다고 오물거리던 조그만 입
너무 작아 밥풀 같은 발가락
정말 숨을 쉴 수 있을까 걱정했던 작은 콧구멍
네가 태어나던 날 너무 신기해
보고 또 보고
살며시 작은 손을 잡아본 내 손에
따뜻함이 전류처럼 찌릿하고 전해왔지

어느덧 자라
어미 품을 매미 허물처럼 벗어 놓고
제 짝을 맞이하는 어엿한 새 각시가 되었구나.
연지곤지 바르고 족두리가 파르르 떠는 너를 보는데
한쪽 가슴은 기쁨과 환희가 넘치는데
한쪽 가슴은 왜 이리 허전하고 시리던지
너도 네 새끼 낳아 키워봐라
그때야 에미 속을 알리라고 하시던 그리운 목소리가
귓전에서 이명처럼 맴돈다

* 2005년 딸의 혼례식장에서

# 로데오

어둠을 몰아내는 헤드라잇 불빛처럼
뜨겁고 두려울 게 없다.
철문을 박차고 나오는 저 야생 소

각본의 리허설은 필요 없다
화형대火刑臺의 불길처럼 뜨겁다

자유의 등에 붙은 이물질을 털어내는데
결사의 몸부림은
단 3초에 해결하고 만다

불같은 저 성정 나도 닮고 싶다
나를 옥죄는 숱한 번뇌들
단 3초에 털어 버릴 수는 없을까

* 2006년 미국 버몬트주 로데오 경기장에서

# 나만 못 가네

이념의 벽처럼 아득히 높은
통일 전망대
계단이 나풀나풀 내려와
내 발아래 엎드려 있는데
철조망 건너 저쪽에
동해를 휘돌아 달리는 철로선
원산 가는 국도를 따라
바람은 잘도 가는데
나만 못 가네
삼팔선 가까이 푸른 동해는
철썩철썩 노래 부르며
얼싸안고 돌며 자유롭네
철조망을 넘나드는 작은 산새도 바다 새도
정답게 서로 만나서
지지 재재 소식 주고받는데
나만 못 가네
나도 시린 아픔 동해에 풀어놓고
하얀 웃음 날리며
임 만나러 갈라네
퍼렇게 멍든 속내는 감추고
그냥 꽃처럼 웃어 줄라네

# 항해

검은 고무 튜브에 하반신을 감추고
납작 엎드린 채 헤엄을 치는 사내
하반신의 폐허에
도마뱀 꼬리처럼 돋아난
고무 지느러미를 흔들며
시장통을 유영한다

오물이 질펀한 바닥에
쉼표를 찍고 행간을 치는 사이
퍼렇게 날이 선 시선들이
두려움에 떠는 작은 심장을
인정 없이 냉각시킨다
파도처럼 밀려왔다 밀려가는 인파
뱃고동처럼, 발걸음 소리만 울릴 뿐
등대 같은 적선의 빛은 없어라

진종일 사나운 파도에 지친 시린 눈빛
안쓰럽게 지켜보던 좌판의 노파
끌끌 혀를 차며 지폐 한 장 던진다
좌초될 듯 흔들리던 고무 지느러미
그제야 두려움 없이 인파를 헤치며
거친 바다를 건넌다

* 2008년 푸슈킨 詩 문학상 수상작
(시인 한국 문단 100년 인물 탑에 등재)

# 고성 상족암에서

억만년 지나도
지워지지 않는 저 거대한 발자국
억 억 소리 지르며 울던 큰 몸집
화석의 발자국으로 살아있네

흐르는 물결 따라 바람처럼 사라질 만도 하지만
온 천지가 제 것이었던
그날이 영영 잊을 수 없어
쓸리는 파도도 부는 바람도 차마
거대한 그 발자국 들어내지 못하고
억만년 살아서도 그리워할 사람 있다면……

요즘 세상이 다 억이 아니면 괄시받는 줄
어찌 알고 흔적을 지우지 않고 억만년을
살아남은 저 공룡 발자국
잃어버린 영혼과 육체를 위하여
파도를 제집 삼아
암반의 화석으로
뚝뚝 떨어지는 황혼을 주워 잠재우고 있네

# 해월정海月亭

외로움에 가슴 먹먹해지면 달빛 따라
해운대 해월정에 올라가 보라
팔각정 난간에 서면 탁 트인 바다가 보이고
솔향 가득한 숲과 청청한 바다는
이야기꽃으로 세월 가는 줄 모르더라

세상 풍파에 낡아빠진 난간, 삐거덕거리며
오래전 상처 끄집어내어
누구에게나 꼼꼼히 읽어보라 내어준다
그럴 때마다
바다를 끌고 온 해풍, 내게 말을 건다
내 가슴 파도처럼 출렁거려도
바람의 말과 바다의 말 다 알아듣지 못한다

해와 달이 놀던 자리 윤이 나고
바람이 앉았다간 자리 허전하다
오늘도 청풍은 끝없는 바다의 비릿함을 끌고 와
해월정 난간에
바다 이야기를 적어 달빛에 내어 건다

* 2008년 부산 해운대 해월정, 낭송시

# 안개 짙은 암남공원에서

바다와 맞닿은 여기는 땅끝
초여름 실록에 어우러진 바다
가슴으로 느끼는 파도 소리와
감미로움에 눈을 감은 나
내 머릿결을 흔드는 바람의 내음은
천상의 향기인 듯
하늘도 바다도 안개의 품에 안겼는데

이슬에 젖은 나무 이파리 더욱더 푸르고
말없이 벤치에 앉은 안개 수묵화를 그리네

흔들릴 듯, 구름다리는 작은 돛배 되어
바위와 계곡의 숲을 따라 바다로 가는데
굽이굽이 돌아서 내려오는 나무 층층대는
황혼이 저무는 인생 역경을 보는듯하네
아~
나 – 바다 이편에서
안개 속 저 바다를 무심하다 탓할까

# 땅 끝에서

끝이라는 것이
가슴 저리게 하는 말이구나.
저 멀리 바다 건너 작은 섬들이
나의 눈물처럼 흩어져
애태우며 날 바라만 보고
밀려왔다 밀려가는 물거품
그저 내 발끝만 스칠 뿐 말이 없구나
설움에 겨운 바다의 서사시가
망망한 수평선에 은빛 파도로 빛나고
갈매기 날개에 노을빛은
수의처럼 서럽구나
땅의 끝이라는 토말土末탑 아래
긴 그림자 끌고 선 여인
젖은 가슴
소리 없이 무너지는구나

* 2008년 해남 땅끝 마을에서

# 엿 먹어라

더위 피해 동해 바닷가로 나들이 갔다가
왁자지껄 떠드는 군중 속으로 슬쩍 끼어들었다
희한하다
끈 다리 여자 속옷 같은 치마 한 장 두르고
신나는 각설이 패의 재주에
더위도 잊은 관중, 박수 소리 요란하다
우리는 거지가 아녀, 우리는 종합예술가여
낡은 중고 악기는
좁은 빈터로 관중을 몰아넣는다
품바가 금방 웨스턴 뮤직으로 바뀐다
맞다 1인 4역 5역이다
여장남자들의 열연에 흠뻑 빠진 관중에게
농담 속에 진담 한마디 던진다
너무 힘들어 엿 좀 먹고 하자
엿판을 들고나와
엿을 파는 저 젊은이들의 몸부림이
8월의 태양보다 뜨겁다

# 술국

밤늦은 줄도 모르고
술기운에 호기 탕탕하던 옆 지기
새벽닭 울기도 전에
친구 팔기 바쁘다
아– 그 친구 사정 들어주다
나 죽겠네
북어 있지
은근슬쩍 압력이다
밤새도록 부아통을 끓이던 내자
방망이로 북어를 탕탕 친다
속을 다 비웠는데도
늑골이 아프다고
바짝 마른 북어의 아가미가 달싹거린다

# 꿈꾸는 의자

내게 늘 편 안 함을 주는
그는 언제나 그지없이 아름답고
평화로우면서도 가슴에는
파란 멍 자국 가실 날 없었지

하얀 젖이 흐르고 달콤한 향기가 나는
그 보드라운 감촉
유년의 꿈을 실어 하늘을 날던 날
길을 잃어 허방을 딛던 그 날
말없이 내어주시던 안락한 의자

천상에서도 빙긋이 미소 지으시며
너도 꿈꾸는 의자 되라 하시네

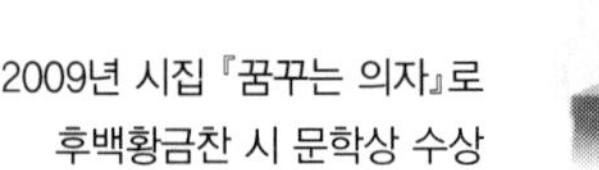

2009년 시집『꿈꾸는 의자』로
후백황금찬 시 문학상 수상

# 나도 기대고 싶다

너는 참 편하겠다
기댈 곳이 있어서
살포시 등 받혀 기대어 서서
조롱조롱 달린
새끼들 재롱에
팽팽한 꿈을 키우는구나

수많은 날
홀로 외로이 서 있는 나
고추 모종 지줏대를 세우며
빈 가슴에 휘도는 바람
흔들리는 마음에
나도 지줏대 하나 세워 묶고 싶다

# 재가 되기 전에

매캐한 연기는
몸통 속의 절망을 알리는 신호인가
활활 타는 불꽃에 던져진 생나무 한 토막
뜨거운 열기에
몸속의 수분을 모두 내 품어 보지만
몇 분도 채 견디지 못하고 불이 붙는다

잎새들의 함성처럼 튀는 저 불꽃들
타닥거릴 뿐
별빛을 닮은 불꽃 하늘 높이 오르지 못하고
허공처럼 텅 빈 내 가슴에 박힌다
저토록 뜨겁게 달구어진
생목처럼,
안달 내고 바동대는 나
기어이 나도 한번 소망하나
당겨 보어야 하지 않겠나

내 가슴에 용암처럼 들끓는 언어들
하나씩 꽃등처럼 내다걸고 싶다
가슴에 박힌 불꽃 재가 되기 전에

# 흰나비

푸른 뽕잎 베개 삼아
양잠 누에가 잠을 잔다
일생 네 번 잠을 자면
번데기가 될 텐데
긴 잠에 빠진
누에는 무슨 꿈을 꿀까

번데기처럼 쪼그라진 어머니
작은 침상에서 잠을 잔다
밤이나 낮이나 잠을 잔다
하얀 나비 꿈을 꾸는지도 몰라

꿈속에서도 하얀 고치에서
명주실을 뽑아 베틀에 올리고
비단을 짜는 새색시 꿈을 꿀까

흰나비 되어 훨훨 꽃밭을 지나
멀리 날아가시면 어쩌나

| 안행덕의 시세계 |

# 휴머니즘, 혹은 존재론적 성찰

양영길 | 문학박사, 문학평론가

## 1. 들머리

우리들의 마음속에 맺혀 있는 한(恨)과 그 근원을 알 수 없는 그리움은 어디서 오는 것일까. 이러한 한과 그리움을 하나로 보고 정한(情恨)이라는 말을 쓰기도 한다. 정한은 그리움과 한이 쉽게 분리되지 않는 것 같다. 분리되어 있는 것 같으면서도 늘 미분 상태로 남아 있는 것은 아닐까.

애틋한 정도 많고 한스러운 일도 많은 것이 삶의 역정이기도 하다. 그래서 힘들고 아픈 일을 많이 겪으면 우리들의 심성이 한결 섬세하여지고 사물에 대하여 느끼는 정감도이 풍부해진다고 한다. 쓰리고 아픈 일들을 많이 겪으면서 사물과 세태에 대하여 연민의 정이 많아지고, 여리고 풍부한 감수성이 길러진다는 것이다. 시인들의 이러한 섬세하고 풍부한 감수성은 우리들에게 사물과 세태의 정황을 보다 넓고 깊게 공감할 수 있게 해 주고 따뜻한 인간미를 엿보게 해 준다.

안행덕 시인의 시에서도 이러한 섬세하고 풍부한 감수성을 통해 따듯한 인간미를 엿볼 수 있다. 즉 과거 지향적인 '그리움 - 설움 - 한'이 서로 분리되지 않은 상태에서 시인의 주된 정서로 자리하면서 깊이 공감할 수 있게 만들어 주고 있기 때문이다.

안 시인의 시 작품을 읽다보면, 그 심성이 남다름을 엿볼 수 있다. 자신의 아픔과 설움에 비추어서 남의 아픔과 설움에 대하여도 따뜻하고 자상한 마음을 갖춘 것 같은 안 시인. 남의 심성에도 깊이 공감할 수 있는 풍부한 감수성을 지닌 시인인 것 같다. 안 시인은 아픔과 설움을 넓고 깊이 공감하면서 휴머니즘, 혹은 존재론적 성찰의 지평을 열어나가고 있다.

## 2. 정한 또는 정감

한(恨)은 정(情)으로 통하는 것일까. 안 시인의 시에는 율(律)의 깊이만큼 한도 깊고 정감도 깊다. 사물에 연민의 정을 느끼고 마음 아파하는 것처럼 정한을 노래하는 사람은 어질다고 한다. '한이 많다'는 것이 아니라 '정감이 많다', '정감이 여리다'는 것일까. 안 시인은 정이 많고 정에 약한 사람일 것 같다. 섭섭하여 잊지 못하는 마음이 넘쳐나고 있다.

안 시인은 가슴에 사무친 한을 "강 같은 나이를 아시나요"(「강」)와 같은 존재 의미의 물음으로 제기하고 있다. 이러한 존재론적 물음을 통해 삶의 넓이를 측량해 가는 서정적 자아의 사유가 시인으로 하여금 동의하고 추구하는 서술어로의 전환을 통해 표상하고자 하는 주어를 해명해 나가고 있다.

「강」을 살펴보면 그 서술어를 짐작할 수 있는 것 같다.

눈부시도록 아름답게 비워 내고 싶다
흐르는 세월처럼 처연해도
아무도 몰라주는 나이
속 깊은 저 강물의 나이를 아시나요

— 「강」 일부

"모난 돌에 할퀴고 벼랑에 부딪혀 / 퍼렇게 멍이 들"듯 맺혔던 한도 "잊혀갈 세월 서러워 / 잘게 부서지는 푸른 신음이 / 햇볕에 그을려 눈이 부시"듯 서서히 풀리고 있다. 그래서 시인은 "세월의 아픔을 안고도 처연히 흐르는 강물 / 저 같은 속 깊은 가슴이 되고 싶다. / 눈부시도록 아름답게 비워 내고 싶다"라고 소망하고 있다. "아무도 몰라주는 나이 / 속 깊은 저 강물의 나이"인 것이다. 즉, "흐르는 세월처럼 처연"한 나이는 맺혔던 한을 삭여 내어 "햇볕에 그을려 눈"이 부신 나이에 와서야 "울먹임이 물비늘 되어 반짝"이는 것처럼 아름답게 승화되고 있다.

이러한 사유의 깊이는 어디서 오는 것일까. 우리들의 서술어는 사유에 의해서 거듭된다고 할 수 있다. 그러는 가운데 또 하나의 사유를 숙성시키면서 정신을 가다듬게 된다고나 할까. 시인들은 그 사유의 정점에 시적문법이 있기도 하다.

시적문법의 서술어에 시인의 사유가 얼마나 깃들어 있느냐에 따라 작품의 무게와 삶의 무게를 가늠할 수도 있는 것이다.

안 시인은 이러한 삶의 무게를 「장구소리」에 담아내고 있다.

제 몸 하나 추스르지 못함을 훈계하려고
날아든 북채에, 내지르는 외마디 비명
숲으로 들어간 사막의 모래 바람 소리다
어미가 북채의 밥이 된 줄 모르는
송아지는 행복한 꿈을 푸른 풀밭에 심는다
찢기고 피멍 든 상처, 품 안에 감싸 안고
고려 때부터 내지르는 절규이다.
덩더꿍 덩덩 신명 나는 소리 속에
오동나무 전설이 담기면
감추었던 슬픔이 언뜻 피어오르고
안개꽃 같은 슬픔을 날려 보내려
댓가지 북채에 힘을 더해 장단을 맞춰본다
제 신명 풀어내려 내려치는 한 서린 장단에
어미는 이를 악물고 아픔을 참고 속으로 울다
기어이 터지고 마는 앓는 소리 덩더꿍 덩덩

—「장구 소리」 전문

안 시인은 "덩더꿍 덩덩 신명나는 소리 속에 / 오동나무 전설이 담기면 / 감추었던 슬픔이 언뜻 피어오르고 / 안개꽃 같은 슬픔을 날려 보내려 / 댓가지 북채에 힘을 더해 장단을 맞춰" 보고 있다. 이 장단은 "찢기고 피멍 든 상처 품 안에 감싸

안고", "제 신명 풀어내려 내려치는 한 서린 장단"이기도 하고, "이를 악물고 아픔을 참고 속으로 울다 / 기어이 터지고 마는 신음 소리"이기도 하고, "제 몸 하나 추스르지 못함을 훈계하려고 / 날아든 북채에, 내지르는 외마디 비명"이기도 하다.

이는 그리움과 한의 정서에서 극복의 정서로 승화하고자 하는 몸부림이기도 하다. 현재 시점에서는 극복의 정서를 지향하게 마련이지만 시의 행간마다 아픔이 묻어 있다. 다음의 「욕망」을 보면, 그 아픔의 근원을 가늠할 수 있을 것 같다.

> 도로가에 비둘기 한 마리가 날아오를 듯 퍼덕이다
> 그대로 주저앉는다. 허공의 무게를 이기지 못하는 저
> 가여운 날개 언제나처럼 짝을 그리워하다
> 지친 작은 심장이 분홍빛 별들에 잠긴다.
> 봄이 오는 골목의 나른함이 내 어깨에 입맞춤하는
> 숨소리 들리고 별빛처럼 떨어진 비둘기 대신 내가
> 날고 싶다.
>
> —「욕망」 일부

안 시인에게 '욕망'의 정체는 무엇일까. 그것은 "허공의 무게를 이기지 못하는 저 가여운 날개"로 표상되고 있다. 그 날개는 "창공을 마음대로 나르던 날개 고이 접어 / 흘러가는 세월에 묻고"(「솟대」) "별빛처럼 떨어진 비둘기 대신"(「욕망」) "더 멀리 보고 싶고 더 높이 날고 싶어서 / 고단한 네 날개에 한 줌 소망을 얹어 놓고"(「솟대」) "날아갈 자세를 취

해"(「욕망」) 보고 있다. "가슴에 박힌 불꽃 재가 되기 전에" (「재가 되기 전에」) "내 가슴에 용암처럼 들끓는 언어들 / 하나씩 꽃등처럼 내어 걸"(「재가 되기 전에」)듯 날고 싶은 것이 서정적 자아의 욕망인 것 같다.

그러나 안 시인에게 있어 영원히 풀 수 없는 정한, 그 채울 수 없는 욕망의 공백을 어이할까. 정감의 닫힘과 열림, 그리고 열림과 닫힘의 구조 속에서 한을 삭이는 안 시인의 시세계는 한과 그리움의 닫혀 있는 정서를 열어나가려는 지향성을 담아내고 있다.

### 3. 사유의 깊이 또는 서술어

시(詩) 한 편 한 편은 그 시인의 마음이자 표정이다. 마음과 표정에는 사유의 깊이가 숨 쉬고 있다. 한 편의 시를 악기로 볼 때 악기를 연주하는 악보는 시인의 마음이요 표정은 연주자라고 할 것이다.

> 악보에 맞는 연주가 들을만한 음악이 되는 것처럼 시를 구성하는 일련의 의미망들이 구조적으로 일관성을 기해야 함은 물론이다.

> 이러한 사유의 깊이를 '물'의 심적 현상으로 설명하기도 한다. 물의 심적 현상은 어떤 의미가 담겨 있을까. 흔히 인생 역정을 흐르는 강물로 비유하기도 한다. 그래서 일까

안 시인은 강물을 통해 "지금 어디로 가는지", "갈 길이 얼마인지"를 물어보고 있다. 그 만큼 사유의 서술어가 넓다는 것일까.

지금 어디로 가는지 나는 모른다
겨울이 가면 봄이 오고
봄이 오면 꽃이 피듯이
세월 따라 그렇게 피고 질 테지

갈 길이 얼마인지 나는 모른다
흘러가는 강물처럼 앞서거니 뒤서거니
무심한 세월 따라가고 있을 뿐

흐르는 강물처럼
바위를 만나면 돌아가고
벼랑을 만나면 겁 없이 뛰어내리고

그렇게 영원한 바다를 그리며
영영 모를 심연을 찾아
오늘도 쉼 없이 강물처럼 흘러서 간다.

—「강물처럼」 전문

그 서술어는 "겨울이 가면 봄이 오고 / 봄이 오면 꽃이 피듯이 / 세월 따라 그렇게 피고" 지듯이, "흘러가는 강물처럼 앞서거니 뒤서거니 / 무심한 세월 따라가고 있을 뿐"이다. "영영 모를 심연을 찾아 / 오늘도 쉼 없이 강물처럼 흘러" 가면서 "흐르는 강물처럼 / 바위를 만나면 돌아가고 / 벼랑을 만나면 겁 없이 뛰어내리고” 있다. 안 시인의 강물 따라 흐름은 선(善)의 실체이기도 하고 세척의 은유이기도 하다.

서정시의 본질이 객관적 세계의 주관화에 있다면, 이 작품의 시적 자아는 객관화된 ‘강물’을 자기만의 주관적 내면 공간에 용해시킴으로써 시인의 정감을 접목시켜 시정(詩情)을 얻어내고 있다.

이러한 시정은 “달맞이꽃처럼 슬픈 사랑”, “섬 같은 그리움”, “애타는 기다림”을 ‘마중’가고 싶어 하고 있다.

마중 가고 싶다
누구를 마중 간다는 것은
풍선이 하늘을 나는 것 같겠지
그리움이 간절해지는 내 영혼 위로
달맞이꽃처럼 슬픈 사랑이 운다

마중 가고 싶다
누구를 기다린다는 것은
마음 설레는 행복이지
울음이 들어 있는 허기진 내 영혼 위로
섬 같은 그리움이 지나간다

마중 가고 싶다
애타는 기다림에 목이 마를 때
마중물 되어주면 눈물 나겠지
허기진 정 때문에 세상이 텅 빈 듯하다
갈증을 풀어 줄 환한 물소리

마중물 되어주면 눈물 나겠지

— 「마중물」 전문

이러한 '마중'에 대한 '갈증'은 어디 오는 것일까. "지난날들이 파노라마로 흐르고 / 흐르는 꽃잎은 무겁게 내려앉"으면, "꿈인 듯 눈감으면 아득한 항로"에서 "사념(思念)의 불꽃"(「갈증」)같은 것일까. "그리움이 간절해지는 내 영혼 위로", "울음이 들어 있는 허기진 내 영혼 위로", "정 때문에 세상이 텅 빈 듯" 다가와 "전신에 전류처럼 역류"할 때 "허공에 슬픔을 찢고 가냘픈 두 손으로 합장(合掌)"하는 간절한 성정을 담아내고 있다.

안 시인의 삶의 무게가 얼마나 깊은 사유 속에 있는 지를 보여주고 있다. 또 형이상학적 사유처럼 시원적인 것으로서의 존재 진리를 찾고 있는 서정적 자아의 사유는 어떻게 표현될 수 있을까.

안 시인의 시에서 들려오는 음악은 설움의 영혼을 달래주는 정한의 깊숙한 곳으로부터 나오는 해원의 노래처럼 들려온다.

냇물 따라 구르다 멈춘 맨살 하나
말없이 그저 그렇게 무심한 듯 서있네
켜켜이 쌓인 사연 역사처럼 적어놓은
알몸을 말없이 드러내놓고
아무도 듣지 못할 소리를 속에서만 지르고
그렇게 깨어져도 흘릴 피도 없는 것을

빛나는 삶은커녕 은근한 사랑 한 번 못 해보고
치열한 전생(全生)을 구르다
깨어지는 아픔만 알게 되었구나.

—「돌」전문

안 시인은 자신의 유전(流轉 : 흘러 떠돌아다님)을 '돌'로 표상하고 있다. 그것은 "냇물 따라 구르다 멈춘 맨살"이자, "켜켜이 쌓인 사연 역사처럼 적어놓은 / 알몸"이면서 "아무도 듣지 못할 소리를 속에서만 지르"면서 "구르다 깨어지는 아픔"의 역사라 할 것이다. 이러한 아픔은 "세월이 잘라낸 아픈 상처"(「옹이」)로 남아 "내 가슴에 옹이"(「옹이」)가 되고 있기도 하다.

천 년 만 년을 살았을 한 개 '돌'을 통해, 백 년도 못 사는 인간의 존재 의미에 대한 사유의 깊이와 넓이를 펼쳐 보이고 있다. 삶의 무게에 담겨 있는 서술어가 제자리를 찾은 명석(名石)처럼 모양과 빛깔을 통해 우리들을 공감하게 한다.

## 4. 또 다른 시원(始原)

우리들은 사유행위를 통해 자기 조정을 하고 자기를 의심하면서 책망하기도 한다. 이러한 사유를 통해서 시인들은 시적 대상을 "표상하고, 지각하고, 판단하고, 동의하고, 거절하고, 또한 사랑하고, 미워하고, 추구"하면서 사유의 넓이를 더욱 넓혀 나가면서 삶의 또 다른 시원을 열어나가게 된다.

시인들의 이러한 존재론적 물음은 시원적 사유로부터 시작하여 또 다른 시원을 향하는 것이다. 이러한 또 다른 시원에 안 시인의 따뜻한 인간미가 짙게 배어 있다.

기장 미역 한 단 사서
베란다에 널었다
물큰 스치는 깊은 향기
바다 해초 향에 눈 감으니
부르지 않은 바다가 밀려온다

쏴-쏴- 처얼 썩
부서지는 파도소리
해안선 가득한 몽돌들이 구르는 소리

햇살은 어느새 해당화 꽃잎 흔들며
내 어깨 위로 오른다

내 꿈속의 바다 한 사발
고봉으로 퍼 담아
고운 햇살과 함께
홀로 되신 영천 시(媤)누이에게 보내야겠다

—「바다 한 사발」전문

'바다 한 사발'을 통해 '추억'과 '가족'을 떠올리는 안 시인. 이 작품을 읽다보면 시인이 얼마나 따뜻한 인간미를 지녔는가를 엿볼 수 있다. 시인이 살아왔던 시대 인식 수준과 시적 감수성을 충분히 짐작하게 해 주는 작품이다.

안 행덕 시인의 시는 다소 유별난 감이 있다.

짧은 제목을 바탕으로 이를 풀이해내려는 것처럼 표현하면서 사물들을 자아 화하고 있다. 그래서 언뜻 보면 설명의 나열같은 느낌이 들고 마무리가 시적으로 승화되지 않은 것처럼 보인다. 그러나 그 행간을 좀더 자세히 뜯어보면 모든 소재와 제재가 자아화의 과정을 거쳐 시대적 아픔으로 승화되고 있음을 엿볼 수 있게 해 주고 있다. 그냥 아픈 추억으로 치부할 수 없는 시인의 따뜻한 인간미를 엿볼 수 있게 해 준다. 또 그의 시 행간에는 '멍', '옹이', '상처', '아픔', '비명' 등 한(恨)과 관련된 언어들이 자주 나온다. 그러나 이러한 것들이 개인의 비애와 한을 넘어서 시대의 아픔을 토로하면서 자신의 존재를 뒤돌아보는 성찰의 계기를 만들어 내고 있다.

안행덕 시인의 서술어를 통해 따뜻한 인간미와 존재론적 물음을 엿볼 수 있었다.

## 제2부

# 숲과 바람과 詩

**제2시집 - 숲과 바람과 詩**

2012년 세종출판사 정가 8000원

대표시 - 노루발. 봄이 오는 소리

# 가시고기

지팡이에 겨우 의지한 노구
부챗살처럼 둥글게 휘어진 허리
고달픈 낙타 등을 닮아서
사막처럼 막막한 세상 살아오신 아버지
천만 가지 시름 다 짊어지시고도
자식들 앞에서는 언제나
괜찮다 괜찮다 허풍만 치시던 아버지
새끼들의 먹이가 된 가시고기처럼
당신의 뼈와 살을 다 내어주시고도
마음에 맺힌 한 풀지 못해
넋두리처럼 슬픈 연가 부르시다
자식의 마음에 집 한 채 지어 놓으시고
바람 따라가시더니
설움 바쳐 지켜온 날들 못 잊어
밤마다 그리운 꿈처럼
먼 하늘에서 빛나는 별이 되시었나요

# 노루발

먼 하늘 그리워 울음 삼킨 숲
잎마다 푸른 그늘이 내려앉은 그곳
어둠을 빠져나온 여린 노루발 꽃송이
전설을 방울방울 피워내고 있다

은혜를 아는 노루는
산에만 발자국을 찍는 게 아니었구나
금세 무너질 것 같은 옹색한 달셋방
달빛을 콩콩 찍고 가는 발자국도 있다

매일같이 낯선 길을 돌고 도는
수선 집 재봉틀에 달린 노루발
허기진 발로 밥 한 공기 찾아
지구를 몇 바퀴나 돌았을까
구닥다리 낡은 세월 뒤집어가며
이웃의 서러움도 꾹꾹 밟아 기워내는 발

툭툭 뜯어진 옷깃, 털어내는 발톱 끝에
싸라기처럼 묻어나는 실밥을 먹고
야윈 발가락이 절룩거릴 때마다
덧대고 이어주면 드디어 빛나는 진실
오늘도 생의 늑골 밑을 환하게 비춘다

# 서러운 날
– 비 오는 날

우두커니 창밖을 보는 나
바람처럼 감싸는 커피 향에서
너를 만난다
세월에 꺾인
너의 야윈 날개 가여워
자꾸만 가슴이 시려 오는데
천만년 살자던 그 목소리
나를 잡고 놓지 않는다

울고 싶은 날 너무 많아
마음에 빗장을 걸었습니다
(그 안에서만 울려고)
오늘따라 걸어둔 빗장 마디마디에
고인 눈물, 몸살을 한다

파도 같은 아우성으로
소리 내어 내리던 가을비
유리창에 투두둑
너의 눈물로 떨어지고
내 마음에 걸어둔 빗장
덜컹,
제멋대로 열린다

# 새가 된 나뭇잎

나무와 나무 사이를
가볍게 나는 새를 부러워하다
새가 된 나뭇잎
저무는 노을빛 따라
붉어진 가슴으로 운다
나무와의 별리別離를 두려워하지 않고
물빛 그리움 찾아
간절한 잎새의 울음은
꿈꾸는 날갯짓으로 야위어간다
날아보라 날아보라 부추기는 바람 따라
가을 털고 새처럼 날아
젖은 땅으로 떨어진 나뭇잎
잠 못 들고 뒤척인다
슬픔으로 눅눅해진 날개
돌아누워도 굴러 봐도
새가 될 수 없다는 서러움
그래도 다시 퍼덕여보는
저 가여운 날갯짓

# 수선화

언제나 말 없으시다
퍼런 피멍 보일까
앞가슴 단정히 여미신다
바람 잘 날 없는
층층시하의 고단한 세월
깊은 한숨은
잔잔한 수면위로
노랗게 풀어서 조용히 흘려보내시고
수줍은 미소로 그렇게 피어나셨다

소담스러운 꽃망울 곱게 피워놓고도
언제나 다소곳이 기척 없으시다
밤새 돌아오지 않는 지아비는
하늘이라 정해두시고
찬바람 수선화만 가여워하시던 어머니

바람 따라가시려나
창호지에 귀 기울이신다
여유를 찾으시려는 듯
은빛 날개 나비처럼 접으시며
인고의 쓴 잔을 다 비우시고
툭, 떨어지신다

# 섬

파도 같은 젊은 날
지지고 볶고 아옹다옹했었지요

메들리로 엮으며 흘러가는 세월
헤아릴 수 없이 내 가슴 도려낸 것들
보기도 아까운 내 꽃 숭어리들
지들도 떨어질 때가 되었다나요

세상이 다 그런 거라고
시집갈래 장가갈래

다라니경 같은 찰진 말言
찰방찰방 쏟아 놓고
찡긋 윙크하며
활짝 웃고 떠나네요
적막한 바다만 남겨두고 가네요

# 봄날은 간다

벚꽃 흐드러진 남천동 꽃길
다 시들은 내가 간다
파도 소리 징징 울며 따라온다
무심한 듯 한잎 두잎 떨어지던 벚꽃
내 앞에서 화르르 꽃보라를 날린다
바람은 시치미 뚝 떼고 내 품에 안긴다
때가 되면 이렇게 아름답게 떠나라는 신호인가
심드렁한 바람은 꽃잎만 흔들고
갈 곳 없는 나는
바닥에 쌓이는 꽃잎만 밟고
봄날은 간다고
향기 폴폴 날리고
나의 봄날은 점점 멀어져간다

# 바다야 말하라

너보다 더 푸른 청춘을 삼킨 바다야
푸르렀던 그 이름들을 아느냐
동강난 조국을 수호하겠다고
서해를 사수하던 꽃다운 청춘아
한 줄기 빛도 없는 깊고 깊은 심해에
천국으로 가는 계단이 거기 있었더냐
별처럼 빛나는 나이, 할 일도 많은데
누구를 위하여 내일의 꿈도 접고
흠뻑 젖은 몸으로 잠들어
온 세상을 비통하고 참담하게 하느냐
소리 없이 무너지는 수많은 가슴
조각조각 피가 마르는 게 보이지 않느냐
바다는 말하라
너는 알고 있지 않으냐
너는 보았지 않았느냐
자지러져 하얗게 쓰러지는 너
너도 답답해 철썩 철~얼 썩 바위를 치며
속울음만 울지 말고 말을 하여라
바다야
속 시원하게 말을 해다오

* 제2 연평해전(延坪海戰) 전사자를 기리며

# 숲과 바람과 詩

세상살이 텁텁하고 갈증이 날 때
뒷산을 오르면
휘파람 불며 나를 반기는 바람
바람의 손짓 따라
다람쥐 타다닥 두들기는 심벌즈 소리
플루트처럼 칭얼대는 계곡 물소리
해금을 켜는 듯 새들의 날갯짓 소리
숲속의 협주곡에
덩달아 나는 어깨 들썩인다

산들바람 나뭇잎 책장을 차르르 넘기면
속독을 시작하는 산새들
글 읽는 소리 제각각이다
도토리도 따라
툭툭 바닥에 문장을 새기면
들꽃들도 뒤질세라 한들한들
온몸으로 글을 읽는데
나도 따라 고개를 끄덕인다

숲과 바람과 나는
어느새 한통속이 되어
은빛 밀어를 나누고 있다

# 산사의 여인

산사의 아침 햇살 너무 맑아
속세의 쌓이고 쌓인 검은 속
탁 털어 말리고 싶다

파란 하늘이 푸른 물인 양
처마 끝 단청을 유영하던
물고기 지느러미 한가롭게 흔들린다

부처도 모르고 불자도 아니면서
법당을 기웃거리는 속절없는 여인
귓전에 수런거림이 두렵다

저 혼자 흘러들어온 부질없는 욕심
목탁 소리에 마음의 빗장을 열고
누수가 되어 소리 없이 흘러가는데

부처를 닮으려는 순한 마음
눈물 마르기 전에 순해진 저
처마 끝 물고기를 닮아야지

# 녹차를 내는 여자

겨울을 이긴 새순처럼
가녀린 몸매에 윤이 난다
뜨거운 물, 백자 찻잔에
천천히 따르는 손이 희고 길다

뜨거운 가마에서 달구어진 여린 잎
서서히 녹아 묵언으로 정진하듯
다소곳이 앉은 찻잔에 눈길을 주고
찻물에 제 몸 푸는 찻잎 따라
평생 접혔던 마음 서서히 풀어내고 있다

너와 나의 앙금도
저 여린 찻잎처럼
경계를 늦추고 선禪에 들어보자
그래, 미움과 설움의 응어리
찻잔 속의 찻잎처럼 천천히 녹여내 보자

# 고목古木

고향 집 초입에 들면
허리통 풍만한 그녀가 먼저 마중을 한다
숱한 날 보고들은 이력을 우듬지에 걸어
깃발처럼 흔들지만
숨길 수 없는 한숨 같은 그대 속내 보인다

치열하게 그어놓은 나이테는 속절없어도
삭정이가 된 가지 끝에서 휘청거리는 푸른 안부로
상처가 된 멍든 속내, 서러운 날들은 감추고
넌출넌출 뻗어 보는 처연한 몸짓은
늙어서도 푸른 잎 피워내는 고목을 닮았네

나무처럼 안으로 나이테 긋지 못하고
울음 되어 피어나는 검버섯 감추지 못해
평생 가슴에 담아둔 말 소갈머리 없이
밭이랑 같은 굵은 주름 사이로 쏟아내며
전설의 고목으로 늙어가네

# 천 년 약속

굵은 빗발 유리창에 빗금을 긋는 저녁
오늘도 하루를 살았다
찰랑거리는 향긋함이
내 입술을 적시고
팽팽한 힘이 그대로 나를 흔든다

남루한 생의 살림살이가
가끔은 눈물과 웅석을 만들기도 했었지

백년해로하자 약속했던 결혼기념일
오늘같이 좋은 날 한잔해야지
기왕이면 〈천년 약속〉으로 해요
몇 년 전 세계 정상들이 해운대 누리마루에서
이 술로 건배를 했다지요
천 년을 변치 말자고
우리도 우리의 성안에서는 정상이잖아요
건배해요 백 년은 너무 짧아요

## 나는 밥이다
– 김수환 추기경

빈손으로 오신 임
신에게 발목 잡히던 날
허기지고 번뇌하는 이들의
밥이기를 원했네

밥 짓는 연기
모락모락 피어오르면
당신이 밥이 되어
소외된 이들 사랑의 밥이기를
하느님에게 빌었네
철철 넘치는 사랑이기를 원했네

무소유의 정자로
사랑의 바이러스를 만드는
기적을 낳으셨네
기적은 기적을 낳아
하늘까지 닿겠네

꽃보다 아름다운 밥
김수환 추기경님
허기진 이들 모두에게
밥을 주고 가셨네!

# 가든파티에서

버몬트(VERMONT)주 브리스톨 시(BRISTOL CITY) 숲 속
푸른 잔디가 융단 같은 신디 네 집 정원
높은 밤하늘 보석을 뿌려놓은 듯 반짝이는 별
시냇물 소리도 정다운 가든파티 장
젊은이들의 화려한 축제에 초대되었다
모두 쌍쌍이다. 한여름 밤 모닥불 옆에서
댄스뮤직 빙글빙글 신바람을 일군다
찌그러졌던 가슴 풍선처럼 부풀어 오른다
푸른 잔디 위로 쏟아질 것 같은 별들
고향 집 마당에서 보던 밤하늘이다

타오르는 모닥불은 신나는 뮤직에 맞춰
정열의 춤을 춘다
그릴에서 스멀스멀 피워내는 향기로운 살냄새,
사슴의 살 익고 있는데
초원에서 묵언 수행하던 그 눈동자 슬프다
맑은 영혼이 숯불 위에서 타는 저 소리
큰 산에서 혼자 외로웠던 밤이 싫어
산山에서 내려왔다 만난, 이 풍요로운 잔치
지금 잔치의 주인이 된 것을 즐기는 사슴아
지난날 회상하면 후회는 없느냐

언제 한 번, 누굴 위해 내 몸 태워 본 일 있는가
나도 한번 저 모닥불에 그을려 보면 어떨까
활활 타는 저 모닥불은 은근슬쩍 나를 유혹한다
죄 없는 저것을 먹고 향기로운 영혼을 닮고 싶다

삼백육십일 기도 중에 남을 위해 마음 바친 날 몇 날이며
오롯이 기쁜 날이 몇 날이더냐
춤추며 일어설 듯 휘청거리다 스러지는 불꽃처럼
이순耳順을 곧추세워 보지만 패배의 신은 발목을 잡는다
욕심과 이기로 찌든 나그네인 걸 잊었느냐고

열정이 넘치는 이국의 가든파티 장에서
잘못 배달된 소화물 같은 나
낯설고 물설어 눈 둘 곳 몰라 방황하는
푸른 초원을 잃어버린 슬픈 한 마리 사슴이 되어
글썽이던 슬픈 사슴의 눈동자를 닮아 가고 있다

* 2006년 버몬트 신디네 정원에서

# 오월이 오니

추억이 그리운 산길 모퉁이
보리밭 푸름이
청잣빛 하늘과 어우러져
그 푸름이 내 청춘 같아라
아카시아 숲길 따라 걸으면
칡넝쿨 순이 벌어 손짓하던
그곳에 나비 날더니
내 젊은 날, 물 큰 스치고
그때의 종달새 지저귐처럼
단발머리 통치마 계집아이들
까르르 웃음소리 허공에서 들린다
싱그러운 바람에 오월은 오고
내 젊음은 어디로 갔나
옛날처럼 활짝 핀 아카시아꽃
내 가슴으로 향수를 불러들인다
오월의 싱그러움이여
그리운 옛날이여

# 걱정

벼꽃이 피었습니다
너무 작아
꽃이라 부르기도 안타까운
작은 티같이 아슬아슬하게
장지문 뒤에 서성이는 새아씨처럼
수줍은 볍씨 꽃
배고픈 이들의 밥이 될 꿈을 키운다

봄날 못줄에 줄지어
나란히 서는 날부터
작은 입 꼭 다물고
오지게 여물 날 기다리며
조그만 알갱이 끝 수줍은 암수暗愁
수를 놓듯 하얗게 가슴에 매달아 놓고
잠 못 드는 날 늘었습니다

가뭄 들면 어쩌나
바람 불면 어쩌나
밤새 떨어지면 어쩌나

# 독도

망망한 수평선 끝
점인 듯 보일락말락
지심을 심해深海에 박아놓고
돌섬이라 불렀는데
맑은 해저 산호 숲에서 노니는
바닷고기들의 친구가 된 너

금수강산의 꽃 인양
용암으로 이루어진 절벽에는
희귀한 꽃 범행초 갯괴불초 푸른 싹 자라고
괭이갈매기 바다제비 쌍쌍이 평화로운데

부딪치는 파도 철썩일 때마다 행여나
지워질까 맘 졸이다가
멀리 떼어 놓은 것 같아 안쓰럽기도 한 널
바다 건너 도적떼들마저
호시탐탐 널 노리니
나 오늘도 잠 못 들겠구나

## 쑥부쟁이 되셨나요

어머니 뵈온지 너무 오래되었다
파리한 입술 달싹이며 아직 죽지 않는다
걱정하지 마라, 손사래 하시더니
그렇게 쉽게도 가신지 20여 년

남모르는 아픔, 내색하지 않으시고
섧디 설운 세상을 시린 가슴에 안으신 채
야윈 날개 접으시고 여기 누워 계시네

파란 잔디를 밟아 하얗게 뉘어놓고
세월은 바람 따라 가버린 지금
너무 늦었다. 어서 내려가거라
아직도 못난 딸 걱정되어
저승에 들지 못하고
무덤가 쑥부쟁이 되셨는가

나의 입술은 가벼운 경련처럼
어머니를 불러본다
이제는 눈물도 마르고
씁쓸한 소주의 향을 혀 밑에 묻고
저린 발목 툭툭 털고 하늘을 본다

# 독도는 우리 땅

눈보라도 비바람도 품어 안고
오랜 세월 말없이 그렇게
의연하고 야무진 모습
동해의 해저산을 아는가
암섬과 숫섬이 마주 보며
잠길 듯 말듯 아슬아슬하게
부는 바람 잠재우며
가난한 어부 기다려
밤을 새워 아침을 연다

용암 절벽 난간마다
희귀식물 푸르게 자라고
바닷새의 날갯짓도 자유로운데
바다 건너 도적떼야 넘보지 마라
바다 밑 산호 숲도
붉은 꽃등 내어 걸고 지키고 있다

눈부신 하얀 파도는
흰옷을 좋아하던 선조들 옷자락이고
포효하듯 바위를 치는 저 파도 소리는
이사부의 호령이니라
돌섬이라 얕보지 마라
백두에서 뻗은 정기
핏줄로 이어진 섬
내 나라 우리 땅이니라

# 대숲에서

하늘 제일 높은 곳 그곳에 하늘빛 소원을 담아
청청 푸른 꿈을 키우며 산다
청빈한 새벽을 마디마디 새기며
가난을 사랑하였기에
마음을 비우는 일은 즐거운 낙이었지
빈방에 창문을 열고
미망을 헤매는 바람을 불러들이면
열 손가락은 음률을 퉁기고
절망이 깊을수록 언약도 깊었어라

꼿꼿한 성깔 대쪽같다. 나무라지만
청춘도 인생도 바람인 것을
바람도 구름도 믿을 것 못되니
믿지 못할 내일을 위하여
곧은 댓잎에 입 맞추며
늴니리 타령, 흥 타령으로 살리라

외곬의 정갈함에
전설도 잃어버린 바람 앞에서
애써 감추려는 그리움 서럽기도 했어라

한 음절 넘길 때마다 굵어진 마디
절개의 고뇌는 미완으로 남겨두고
시린 마디마다 고이는 꿈은 완강한
직립을 추구하며 청청 더 푸르리라

# 여름날의 난타

타다닥 장대비, 두 팔 들어 휘몰아친다
굵고 둥글게 가슴을 때리는 선율
드럼채처럼 세상을 두드리는 저 투명한 손
두드림의 손끝에서 슬픈 영혼 하나 만났을까

후두둑 떨어지는 저 간절한 눈물
넓은 연잎도 작은 풀잎도 공손히 받는다
수직으로 떨어지는 아픔을 아는지
연못 속의 개구리도 목청을 높인다

연초록 바람의 지휘봉이 절정이다
한바탕 난타를 즐기던 장대비
서로서로 위로하듯 모여 흐르는 물소리
막 내리는 무대아래 관중의 박수 소리다

# 바람이고 싶어라

사랑도 이별도 지나고 보면
바람인 것을
외기러기처럼 쓸쓸한 날
하늘 저 멀리 흘러가는 구름처럼
바람 따라가고 싶을 때 더러 있었지
가도 가도 끝없는
첩첩 산속 같은 고행길 같아
자꾸만 서러움 차오르면
체면도 자존심도 사랑까지
다 내려놓고 싶을 때
바람 따라 흔들리는 나뭇잎처럼
나도 함께 흔들리고 싶었다
산처럼 물처럼 바람처럼
그렇게 자연이 되고 싶어라
강도 바다도 산도 골짜기도 여유롭게
걷고 달리는 유유자적한 저 바람
억장 무너지는 슬픔도
지나고 보면 한 줄기 바람인 것을
촘촘한 그물망도 잘 빠져나가는
저 바람처럼
그물에도 걸리지 않는 바람이고 싶어라

## 고백

실바람 살짝만 불어도
은사시나무
부끄러운 척 잎을 비튼다
바람이 조금만 아는 척
흔들어 주면
숲은 일제히 일어서서
남몰래 감추었던
숨겨둔 아름다운 은빛 밀어들
연서를 쓰듯 술술 풀어낸다

채워도 채워도 부실한 문장文章
백지 위를 오르락내리락 드나들며
쌓은 이력이라는 게
썼다 지워다 붙였다 뺐다
감추고 비틀다
은사시나무를 생각한다
스치는 바람에도, 아름다운 문장
슬슬 엮어내는 저력
숨겨둔 은빛 밀어는 얼마나 될까

길 잃은 바람 따라 헤매지 말고
숲에 들어가 저들의 속삭임이나
받아 적어 볼거나

| 안행덕 詩 세계 |

# 삶의 빛과 그늘, 원초적 비애를 자연과의 교감으로 승화한 시 세계

이숙례 | 문학박사, 문학평론가

## 1. 삶의 무게 봄 또는 꽃으로 환치한 삶의 이미지

밤새 꽁꽁 언 바람이
긴 밤, 잠 못 들고 한숨으로 궁리하더니
창틀에 매달려 화공을 꿈꾸었나
유리창이 온통 성에꽃이다
투명한 유리창의 환한 불빛
한밤을 움찔움찔 기웃거리다가
사각사각 환하게 얼었구나
애타게 창밖을 응시한 내 시선이
북풍한설과 눈이 맞아
애틋한 사랑으로 피었구나

— <꽃이 되련다> 일부

시는 일상적 생활에서의 체험적 인식의 발견이며 또한 시는 영혼을 담는 그릇으로 우리들의 다양한 삶처럼 한마디로 말하기가 곤란하다. 안행덕시인의 시에서 우선 잔잔한 일상적인 삶의 현장에서의 경험을 시적 경험으로 아름답게 그려내고 있으며 <꽃이 되련다>에서처럼 지나친 알레고리나 아포리즘을 자제하고 있어 독자들이 쉽게 그의 시 세계를 음미할 수 있다. 어제의 길은 오늘의 길이 아니며 어제 내가 본 현실들은 오늘과 똑같을 수는 없다. "애타게 창밖을 응시한 내 시선이/ 북풍한설과 눈이 맞아/ 애틋한 사랑으로 피었구나"는 애타게 추구한 내 삶의 무게, 내가 체험한 "북풍한설"도 나만의 시각으로 본 느낌에 이름을 붙여주고 의미를 부여할 때 나의 시가 되고 꽃을 피우는 것이다. 이처럼 시인은 외적 체험의 현장에서 시적 안테나를 곧게 세워 탐색하며 기다릴 때 자기만의 목소리로 시적 이미지를 형상화할 수 있다. 일상의 평범한 경험들 속에서 비범한 시적 세계를 그려 내고 있는 안행덕시인의 시의 깊이를 좀 더 깊이 음미해 보기로 한다

얌전히 사분사분 내리는 이슬비
잔설을 녹여내는 정다운 수런거림
온종일 속살거려도 끝이 없는 저 수다

— <봄이 오는 소리> 첫째 수

시인은 우리나라 민족 고유의 정형시인 시조로도 절제된 사상과 감정을 잘 표출하는 시인이다. 시상을 가다듬어 시조의 형식과 주제를 이렇게 자연스럽게 펼쳐 빚어내기란 그리 쉽지 않다. 첫째 이 시의 시제이기도 한 <봄이 오는 소리>의

이미지를 도입하는 초장에는 봄비가 내리는 모습을 의태어와 의성어를 적절히 병치하였고 중장은 "잔설을 녹여내는 정다운 수런거림"으로 봄의 소리를 들릴 듯 묘사했다. 종장의 "온 종일 속살거려도 끝이 없는 저 수다"로 봄비가 대지를 "온 종일" 내리는 모습을 여인들의 수다 소리로 비유하여 봄과 여인의 비슷한 이미지의 병치로 봄 이미지와 소리가 가깝게 손에 잡힐 듯 다가온다. 특히 "사분사분"의 의성어는 종일 풀잎이나 나뭇잎에 내리는 낮은 이슬비 소리로 귓가에 가만히 속삭이는 듯 생생하다.

## 2. 상실에서 오는 서러움의 애드립

> 살아 있는 것들은 태어난 순간부터 날마다 조금씩 알 수 없는 틈으로 사라져 간다. 생명체가 알지 못하는 속도로 10년 20년 단위로 뒤돌아보면 변화를 확연히 느끼게 되며 우리는 그 변화를 기뻐하거나 허탈해 한다. 시인은 어느 비 오는 날 자아의 미묘한 변화를 객관적 눈으로 꿰뚫어보며 왈칵 치미는 원초적 서러움, 또는 삶의 빙벽 끝에서 터져 나오는 선험적 고독을 시어로 토해낸다.
>
> — <서러운 날>

시인은 커피 한잔을 앞에 놓고 창밖을 바라보며 과거와 현실 사이를 오간다. 커피를 마시며 우두커니 비 오는 창밖을 보다가 문득 "천만년 살자던" 너의 "가슴 시려 오는" "그 소리"를 떠올리게 되어 서러움에 휩싸이고 만다. 시인은 또

"울고 싶은 날"이 "너무 많아" "마음에 빗장"을 걸어도 "유리창에 투 둑" "너의 눈물로" 떨어진다. 이처럼 시인의 섬세하고 점진적인 감정이입을 비유와 묘사의 시어로 눈시울이 뜨거워질 정도다. 뿐만 아니라 "오늘따라 빗장 마디마디에 고인 눈물"의 섬세하고 적절한 비유가 이미지의 극대화로 끌어가고 있어 시적 완성도를 더욱 높이고 있다. 특히 마지막 시어인 "내 마음에 걸어 둔 빗장/ 덜컹/ 제멋대로 열린다."가 시의 절정을 이루어 마무리 짓는 가구佳句라 할 수 있다. 즉 "제멋대로 열린다."의 시어는 누구도 막지 못하는 깊은 슬픔에서 쏟아지는 많은 눈물을 은유적 시어로 형상화하여 깊은 공감을 얻기 때문이다. 이어서 안시인의 또 다른 '눈물'을 '여우비'를 통해 내면의 소리를 들어 본다.

지나가는 비에 옷 젖었다
나도 모르는 내 마음처럼
갑자기 밀려드는 설움
주체하지 못하고
확 쏟아지는 눈물처럼
그렇게
하늘도 그런 날 있나 보다

인생도 사랑도 청춘도
갑자기 쏟아지는
한여름 날의 소나기
하늘도 나를 닮아
갑자기 변덕스러워지고 싶은

그런 날 있나 보다

— <여우비> 전문

시인은 자신에게 "밀려드는 설움"을 하늘에서 떨어지는 "여우비"에 투사하여 새롭고 신선한 시맛을 보여준다. 즉 여우비가 시인의 "갑자기 밀려드는 설움"과 "확 쏟아지는" 시인의 "눈물"은 비유와 대등적 시적 확장으로 "하늘도 그런 날 있나보다"로 시인은 스스로 위안 삼고 자신의 "눈물"을 치유한다. 더 나아가 "인생도 사랑도 청춘도/ 갑자기 쏟아지는/ 한여름 날의 소나기"라며 일생을 통해 젖을 수밖에 없는 통과의례로 여겨 "하늘도 나를 닮아" 의 대등적 심상으로 자신의 설움을 스스로 치유하는 현명함과 적절한 시적 형상화로 깊은 울림을 준다. 이처럼 자신의 감정과 사상을 '비'에 투사하여 나타내는 예는 흔한 시 구성이나, 시인의 개성적인 시적 확장과 언어의 운용이 신선하게 다가온다.

다음 생명체인 자신을 오후로 인식하여 시제까지 "늙어가는 오후"로 그린 안시인의 감성의 시각을 살펴본다.

안방에 누워 떨리는 눈으로
힘겹게 토방을 기어오르는
햇살 잡고 흔들어본다

한때는 탄탄한 토담 같던 육신(肉身)
비바람에 씻기어
흙으로 가려 헐리는 중이다

안방의 기척을 살피던
감나무에 걸린 까치밥
붉은 조등(弔燈)처럼 불을 밝히려 한다

몸 뒤집는 산 그림자
조용히 꼬리를 감추며
어둠이 집어삼키는 것을 보고만 있다

— <늙어가는 오후> 전문

여자는 열심히 아이 낳아 기르고 가르쳐 짝을 찾아 출가시키고 나면, 남은 건 우두커니 남은 부부나 자신밖에 없다. 때로는 홀가분하겠지만 자신을 되돌아보고 적막한 환경에 놓일 때도 있다. 이 때 시적 자아는 하루 중 "늙어가는 오후"쯤으로 인식 되리라. "안방에 누워 떨리는 눈으로/ 힘겹게 토방을 기어오르는/ 햇살 잡고 흔들어본다"의 손에 잡힐 듯한 시적 에스프리가 묘미를 더해 준다. 이어 "한 때는 탄탄한 토담 같던 육신"을 떠올려 그 육신은 "비바람에 씻기어 흙으로 가려 헐리는 중"임을 현재의 시적 자아와 병치, 환유하여 자연의 있는 그대로를 담담히 받아들이고 있는 아름다운 한 폭의 시화를 떠올리게 한다. 감나무의 "까치밥"은 마지막을 재촉하는 "조등처럼 불을 밝히려 한다"로 기존의 고정된 인식에서 벗어나 다의성多義性의 시어들이 새롭게 다가온다. 이어 "몸 뒤집는 산 그림자/ 조용히 꼬리를 감추며" "어둠이 집어삼키는 것을 보고만 있다"의 풍부한 상상력에서 오는 시적 묘사가 뛰어나 시인의 시작 역량과 직결된다. 즉 소멸되어

가는 자연의 현상에 따라 조금씩 헐리는 (늙어가는) 중임을 객관적 시어로 담담히 그려내고 있다. 그러나 시인은 하강적 소멸적인 사유에서 벗어나 <그냥 웃지요>로 능동적이고 신선한 적극적인 시적 진술을 보여준다.

세월아 등 떠밀지 마라
윤기 없고 허 한 것이
어디 내 탓이더냐
그날을 기다리지는 않지만
마음에 담고 모른 체하며
사는 내 마음 너는 모르지
생긴 대로 담긴 대로 살아온 헐렁한 삶
깨어난 추억이 아쉬워
말갛게 헹구고 들여다보면
그래도 그리운 날 더러 있더라
애써 외면해도 허리춤에
매달리는 꿈 한 조각
그냥 웃지요
그냥 살지요

— <그냥 웃지요> 일부

오랜 삶에서 터득한 외부 환경의 순리에 순응하면서 지혜롭게 살아가는 모습이 1연과 2연의 첫 서두부터 시작된다. "세월아 등 떠밀지 마라/ 허리 굽고 등 굽어/ 제멋대로 흔들리는 것이/ 어디 내 탓이더냐"의 직설적 언술로 조선시대 전통내방가사문학과 유사한 전통적, 원형적 문학격조가 느껴진다. 시인은 힘들고 괴로운 삶의 긴 여정에서 오는 "서러운 정 하나"도 그냥 삼키고 "그냥 웃지요/ 그냥 살지요"로 복잡한 이승의 삶에서 멀리 떨어져 바라보는 전지적 위치에서 바라본다. 사리사욕의 마음을 모두 비우고 <그냥 웃지요>의 시로 복잡다단한 현실을 힘겹게 살아가는 사람들에게 위무가 되는 시로도 읽혀질 시다. "생긴 대로 담긴 대로 살아온 헐렁한 삶"이라도 "말갛게 헹구고 들여다보면/ 그래도 그리운 날 더러 있더라"의 사설적 언술에서 삶의 긍정적 태도를 엿볼 수 있다. 끝까지 붙들고 있는 자존감의 참다운 사람살이의 진정성을 잃지 말 것을 시적 은유로 스스로를 달래고 있다. 이처럼 시적 상징과 명징한 이미저리들이 서로 긴밀하게 얽혀져 "애써 아끼는 서러운 정 하나" 안으로 삭이고 다독이며 "그냥 웃지요/ 그냥 살지요"의 로 시적 자아의 초월적 내면의 진경이다.

엄동설한 내내 얼었던 손
마주 부비며 새봄을 기다리는
가냘픈 그대 가여워
밥부터 짓는 여인

마른 가슴으로
바람이 한숨처럼 지나가도
분홍빛 작은 꽃잎 생각에
석 자 세 치
폭설도 두렵지 않았다네

밤새워 피워낸 연정
행여나 몰라줄까 가슴 졸이며
나무 끝 우듬지부터
자잘한 밥티기처럼 매달려
간절한 눈빛만 보내는 여인

— <박태기나무>

1연에서 겨울을 이겨낸 박태기나무를 엄동설한 손 "마주 부비며 새봄을 기다리는/ 가냘픈 그대 가여워/ 밥부터 짓는 여인"으로 환치, 이미지화한 사유가 봄날처럼 환하게 다가온다. 2연의 "바람이 한숨처럼 지나가도" 박태기나무는 "분홍빛 작은 꽃잎 생각에/ 석자 세치/ 폭설도 두렵지 않"는 강한 모성적 덕목을 떠올리게 한다. 3연에서의 "밤새워 피워낸 연정", "행여나 몰라줄까봐 가슴 졸이며", "자잘한 밥티기처럼 매달려/ 간절한 눈빛만 보내는 여인"에서는 우리가 잃어버린 근원적 감각을 되살려 원초적 통일성을 회복하려는 시인의 내면의식을 읽어낼 수 있다. 이처럼 대상을 개성적 눈으로 바라보며 시적 완성도를 높이고 있는 안행덕 시인이 삶의 현장에서 현실적으로 맞부딪치며 짜 올린 시적 알레고리를 <구두를 고치며>에서 시적 내면세계를 엿보기로 한다.

### 3. 낮고 그늘진 아픔들에 보내는 따뜻한 시선

구두라는 도구에 스며든 인식들은 대체로 생명을 운반하는 역할을 꾸준히 이행하면서도 한마디 불평도, 무엇을 달라는 요청도 없다. 볼일이나 직장에 다니는 이들의 발을 보호하고 지탱하도록 도와주며 거친 바람 부는 들과 산을 헤쳐 가야 하는 강인함 등이 쌓여 있을 수 있다. 구두창 아래는 해가 지는 저물녘 주인의 몸무게를 받쳐주며 집으로 돌아오는 부은 발 감싸주는 온기, 무수한 돌부리의 위험을 대신 감수하는 생명의 파수꾼이기도 하다. 그래서 시인은 뒤늦게 절룩거리는 신의 뒤꿈치와 "어깨가 기울어진", "귀퉁이 닳은" 밑창과 상처가 "내 삶의 내력처럼 아프다"라고 한다. 그만큼 사물을 바라보는 시인의 마음이 깊고도 따스하며 하찮은 사물에도 살아 움직이는 생명처럼 대하는 눈길이 독자들의 마음에 울림으로 와 닿는다. 시는 무엇보다 읽는 이에게 감동으로 다가가서 눈과 가슴에 시적 향기로 오래 머물 수 있어야 한다. 그래서 "너와 나의 앙금도/ 저 여린 찻잎처럼/ 경계를 늦추고 선禪에 들어보자/… 미움과 설움의 응어리/ 찻잔 속의 찻잎처럼 천천히 녹여내 보자"(녹차를 내는 여자 3연)로 승화되어 남을 것이다. 우리는 구두같이 한없이 낮아져서 온몸으로 살아가는 이들에게도 용기와 빛을 보내야 한다. 시적 에스프리도 낮고 눈길 가지 않는 그늘진 생에 마음 기울여 그려내야 하리라. 그런 연장선상에 <외로운 광대>가 있다.

이 지구상에 태어난 어느 생명도 귀중하지 않은 삶은 없다. 각자의 삶 순간순간은 다 소중하다. 시인은 "외로운 광대"의 삶을 들여다보며 외롭고 험한 곡예사의 어려운 무대

환경을 "슬픔으로 얼룩진 은빛 삶"으로 "곡예사의 비애"를 그린다. 이처럼 시인은 하찮은 소수의 소품과 그늘까지도 애처로운 눈빛으로 형상화해 낸다. 그것은 "거미의 추억", "그 언제 흐드러지게 핀 적 있나"와 "발아래서 흔들리는 낙화 같은/ 제 그림자를 본다"에서 하향적 어두운 이미지의 시어인 "거미", "발아래", "낙화", "그림자"로 외줄 타기 광대의 비애를 극명하게 표출하고 있다. 이처럼 시인은 사회 바깥을 서성이는 아웃사이더에 좀 더 따뜻한 눈길로 다가가고자 함을 보여준다. 이제 좀 더 가까이 구체적인 생활 전선의 모습에서 그날그날 겨우 벌어 살아가는 삶을 조명한 시를 보기로 한다.

> 툭툭 뜯어진 옷깃, 털어내는 발톱 끝에
> 싸라기처럼 묻어나는 실밥을 먹고
> 야윈 발가락이 절룩거릴 때마다
> 덧대고 이어주면 드디어 빛나는 진실
> 오늘도 생의 늑골 밑을 환하게 비춘다
>
> — <노루발> 일부

동음이어同音異語를 절묘하게 응용한 이 시는 첫 연에서 '노루발' 야생화 꽃 이름을 떠올려 "어둠을 빠져나온 여린 노루발 꽃송이/ 전설을 방울방울 피워내고 있다."에서 시인의 상상력과 노루발 꽃송이의 묘사가 눈앞에 다가오듯 새롭다. 2연의 시적 배경 전환에서 "은혜를 아는 노루는/ 산에만 발자국을 찍는 게 아니었구나/ ---옹색한 달셋방/ 달빛을 콩콩 찍고 가는 발자국도 있다"의 시적 진술과 적절한 묘사의 시어들이 새롭게 다가온다. 그것은 독자로 하여금 노루발을 다양하게 환기시켜 풍부한 상상력과 감수성을 자극한다. 노루발의 다양한 역할의 형상화가 적절하여 시적 성공을 거두고 있는 것이다. 가난한 이의 수선 집 재봉틀의 노루발이 되어 "구닥다리 낡은 세월 뒤집어가며" "이웃의 서러움도 꾹꾹 밟아 기워내는 발"이 되기도 하는 '노루' 발로 변용된 이미지 형상화가 우리의 의식을 환기, 새로운 시적 의미로 확장시킨다. 주인의 "밥 한 공기"를 위해 "허기진 발로" "지구를 몇 바퀴나 돌았을" 노루발은 "빛나는 진실"로 환유되어 "금세 무너질 것 같던" 삶에 "오늘도 생의 늑골 밑을 환하게 비추어" 어두운 삶을 일으키는 아름다운 '노루발'이 된 것이다. 이처럼 하찮은 일상의 소품도 시인의 풍부한 시적 상상력의 손에 의해 새롭게 승화되어 자신의 예술적 태도를 선명하고 울림이 깊은 시로 태어나게 한다.

> 태풍이 불어와도 태산이 흔들려도
> 습지의 갈대처럼 불변의 일부종사
> 속 깊은 뿌리가 되어 떠날 줄을 몰랐지
>
> 야속한 세상살이 쓸쓸함에 대하여
> 갈대처럼 텅 빈속 바람에 흔들려도
> 달빛의 그리움으로 모진 풍상 견디지
>
> — <갈대와 여인>일부

여인을 갈대의 속성에 이입하여 시조 4수로 그리고 있다. 종전의 흔히 불리는 노랫말에는 여인의 마음을 갈대의 비유하여 "바람에 날리는 갈대와 같이, 항상 변하는 여자의 마음"으로 잘 변하는 여인을 그린 주제의 노래였다. 그러나 안시인의 <갈대와 여인>은 을숙도 갈대밭을 보고 "바람에 흔들리는 갈대처럼" "텅 비어 아픈 속울음 퉁소처럼" 서러운 전통의 "고단한 시집살이"를 떠올린다. "태풍이 불어와도 태산이 흔들려도" 쉽게 뽑히지 않는 강인한 갈대처럼 "불변의 일부종사"의 여인, "모진 풍상" 참고 견디는 전통적 조선 여인을 갈대에 비유, 한곳에 "속 깊은 뿌리"내려 온갖 어려움을 견디며 "떠날 줄을" 모르는 강인한 여인상을 오버랩한다. 이처럼 "속 깊은 뿌리", "행여나 눈물 보일까 노심초사"등에서 보듯, 안시인의 갈대는 바람이 부는 대로 이리저리 잘 흔들리는 연약한 줏대 없는 갈대가 아니다.

오직 한마음의 흔들리지 않는 굳은 심지의 희생적 전통여인에 비유해 보이는 "갈대와 여인"은 안행덕 시인만이 견지하는 예술적 태도라 할 수 있다. 현대여성들이 간혹 현실의 조그만 어려움을 이기지 못하고 쉽게 인연의 끈을 포기하는 경우도 있어 "달빛의 그리움으로 모진풍상 견디"는 안시인의 "갈대와 여인"은 전통과 현대의 다른 각도의 삶의 태도와 가치관에 포커스를 맞추어 시화해 보여 주었다. 이렇듯 사물을 바라보는 시인의 개성적인 시선은 <새가 된 나뭇잎>으로 새롭게 다가온다.

## 4. 시적 그리움에 기인한 개성적인 목소리

슬픔으로 눅눅해진 날개
돌아누워도 굴러 봐도
새가 될 수 없다는 서러움
그래도 다시 퍼덕여보는
저 가여운 날갯짓

— <새가 된 나뭇잎> 일부

누구나 부러워하는 대상은 있을 것이다. 나뭇잎이 나무와 나무 사이를 날아다니는 새를 부러워하듯….

마치 엄마와의 이별도 아랑곳하지 않고 마음속 멘토를 향해 달려가는 아이들처럼…. 시인의 예리한 눈은 새와 잎새의 닮은 점을 떠올려 시화하는 데 성공하고 있다. 낙엽을 나는 새에 비유하는 것도, "날아보라 부추기는 바람"에 "새처럼 날아"도 새가 아닌 나뭇잎은 땅으로 떨어져 "잠 못 들고 뒤척인다."는 "새가 될 수 없다는 서러움"으로 이어 결국 "저 가여운 날갯짓"으로 희망의 끈을 놓고 만다. 이 세상에는 무수한 일이 일어났다 사라진다. 똑같이 일어나는 현상이라도 시각에 따라 다르게 시적 에스프리도 달라진다. 우리 인간은 누구나 희망을 먹고, 내일을 향해, 꿈을 먹고 살아가는 생물체로서 아무리 험한 환경에 처할지라도 나를 희생해서 또는 내가 썩어 거름이 되어 또 다른 희망이 되어 환생할 수도 있을 것이다. 시인은 오랜 세월이 지난 후 자식과 가족을 위해 거름이 된 어머니를 떠올려 그리고 있다.

누구나 "어머니"라는 소리에 가슴 먹먹하지 않은 이가 있을까. 그 무한한 사랑의 품을 그리며 괴롭거나 힘들 때 저절로 터져 나오는 언어가 아닌가. 시인은 "속 깊은 그 정"을 "곰팡이 핀 세월을 넘고서야" 깨닫는다. 시인에게는 현실을 묘사하고 진술하는 능력이 대단히 중요하다. 일생 중 한창 사느라 바빠서 어머니의 고마움을 생각할 겨를이 없이 보낸 오랜 세월을 "곰팡이 핀 세월"로 진술하며 우리가 잠깐 잃어버린 근원적 정감을 불러일으킨다. 그것은 "내가 어머니 되어" 무심코 자신의 얼굴을 비춰보는 "면경 속에"서 "지나간 세월" 어머니의 "속 깊은 그 정"을 새삼 깨닫는 사모곡이다.

안행덕 시인의 제2시집의 표제이기도 한 "숲과 바람과 시"의 2연을 읽으면 시인 따라 숲속에 온 느낌이다. 자연은 그대로 생명체의 모태다. 그래서 시인뿐만 아니라 모든 사람의 육감을 동원하여 자연의 소리를 놓치지 않고 다 받아들여 시인도 덩달아 "어깨 들썩"이는 자연의 한 부분이 된다. 이처럼 안행덕 시인의 시가 거의 자연에서 시적 모티브를 찾아 다양한 삶을 개성적인 목소리로 재구성하여 의미 있게 보여준다. 즉 외계로부터 다가오는 사물의 내부세계를 꿰뚫어 시인 자신의 개성적인 목소리와 내면의 이미지를 새로운 무늬, 즉 제2 시집「숲과 바람과 시」로 낯설고 깊이 있는 시적사유를 보여주어 나와 세계와 독자와의 거리를 좁혀 예술적으로 공명하는 시가 많아 의미가 깊다.

## 5. 「숲과 바람과 詩」의 깊이

삶의 흔적에 대한 기억과 다양한 체험을 통한 감각을 의미화한 시인은 새로움의 시적 경험 속으로 우리를 안내한다. 시인의 "사랑도 이별도 지나고 나면 바람인 것을"에서 보듯, 일상의 일들을 겪고 난 후의 깨달음과 달관의 경지에 닿은 듯한 시적 태도가 진솔하게 여겨진다. 자연현상에서 오는 시적 경험의 메타포와 가족에 대한 기억들, 비교적 오랜 세월에서 겪은 사람살이, 그리고 소외된 듯 낮은 곳에도 눈길을 돌려 그들의 마음을 쓰다듬듯 고독과 갈등을 뜻 깊은 시어로 형상화하여 보여주었다. 안행덕 시인의 이러한 다양한 경험에서의 우러나오는 시적 구성이 새로운 사유의 심미적 서정으로 이어져 감상하는 이들에게 사물들과 삶의 의미를 새롭게 보는 시각을 넓혀주었다. 미처 다루지 못한 여러 시편에서도 스쳐 지나는 육감적, 심미적 감성의 그물로 건져 올려 직조한 진솔한 시편들도 베옷에 물이 스미듯 새로운 진경進境에 젖어들게 하였다. 이제 제2 시집인 '숲과 바람과 詩'를 뛰어넘어 더욱 진솔하게 연마된 아름다운 연금술을 꿈꾸며 한 차원 더 높은 감동의 시편을 보여주리라 기대해 본다.

이숙례(문학박사)

제3부

# 삐비꽃 연가

**제3시집 - 삐비꽃 연가**

한국문학방송출판사. 2012년 출간 정가 10,000원

대표 시 - 무궁화야. 삐비꽃 연가

# 선운사 동백

고창 선운사 대웅전 뒤뜰에 동백꽃 필 때면
전국의 난다 긴다 하는 처사님 보살님들
관광버스 비좁도록 선운사에 모이는데
법당에 부처는 보는 둥 마는 둥
너른 마당을 가로질러 뒤뜰로 달려간다

춘동백 먼저 보겠다고 몰려드는
보살님 등쌀에
법당에 부처님 안절부절못한다
고 고운 꽃잎들 바람날까
가부좌 튼 무릎이
일어설까 앉을까 하루에도 몇 번을 들썩인다

대웅전 법당 뒤뜰에 핀 동백
부처가 떡 버티고 지키면 뭘 하나
예쁘다 예쁘다
저마다 비밀스러운 속내 감추고
애먼 동백꽃만 팔리고 있는데

# 합환수

분홍 비단실로 엮은
화려한 부채를 든 그녀
정갈하고 단정한 것이
귀족을 닮았다
밤과 낮을 구분할 줄 아는
여자가 되려고
고운 임 마주 보며 살아도
살짝 어긋나게 서서
낮 동안 연애를 잊고 산다

늦은 봄날 하루해는 길다
무료한 한숨은 둥글게 모여
애가 말라 꽃으로 피어나고
진분홍 입술을 스치는 바람 소리
나지막한 비명으로 변한다

바다 같은 깊은 밤 그리움은
손톱 반쪽만 한 지느러미가
족집게같이 제 짝을 찾아내고
나붓이 포개어 청사초롱 없어도
밤은 깊어만 간다

# 나도 수정초

볕이 잘 들지 않는 곳
고창 선운사 인근 그늘진 숲속은
우리가 살기 안성맞춤이지

하얀 날개 파란 청자색 눈을 보고
숲속의 요정이라고 말들 하지만
사실은 애간장 다 타고 남은 부생腐生 이지
너도나도 애가 타서 하얗게 바랜 껍질이라오

죽어서 부식된 시체를 먹고 살아도
얼마나 깨끗한지
얼음처럼 유리처럼 맑은
바로 水晶 같은 풀잎이라오

그대 없이도 살아야 하는 외로운 처지
손도 발도 없이, 가녀린 날개 하나로
세상을
슬쩍 얼비치며 그늘에서만 살아야 하는
쓸쓸하고 가련한 부생초라오

# 오월 숲에서

파랗게 짙어가는 잎새마다 오월을 말한다
나뭇가지마다 매달린 푸른 엽서들
눈 가는 곳마다 하늘에 찍어 놓은 활자처럼
나를 읽어주세요. 유혹한다
거대한 이파리 도서관에 마음 빼앗긴 나
한잎 두잎 책장을 넘겨보듯 자세히 본다

가지마다 매달린 푸른 연서들
엽서마다 필체도 다르고 향내도 다르다
때죽나무에 핀 별꽃을 읽어 내려가다 보니
산벚나무 오리나무 참나무 소나무까지
한참을 읽어도 끝이 없는 설렘
잠시 한숨 돌리려 긴 숨 들이마시고,
눈, 아래로 돌리니
키 작은 철쭉 각시붓꽃 민들레 소루쟁이
나도요 나도요 손 흔든다
낯익은 꽃 편지 펼쳐 보이며 생글생글 웃는다
깊은 수맥 찾아 뿌리 내린 물푸레나무처럼
나 여기 뿌리내리면 저 오월 같은 푸른 물들까

# 꽃이 좋아라

꽃 진다고 서러워 마라
그 모습 그대로 다시 올 테니
약속하고 떠나는 그 모습 아름다워라

말없이 떠난 꽃 같은 그대
우연히든 필연이든 다시 만나리
약속을 지킬 줄 아는 꽃이 좋아라

무시로 흘러가는 세월에도
피고 지고 다시 피는 사랑아
속절없이 기다려도 좋아라

# 무화과

평생 꽃 한번 피울 수 없다는 것이
너를 잠 못 들게 하였겠지
숨이 멎을 것 같은 너절한 심사는
밤마다 외도를 꿈꾸게 하고
살을 베인 것 같은 아린 상처로
스치는 바람에도 숨어 울었을 테지
순한 네 성정은 날마다
꽃 피우지 않고도
열매를 맺을 수 있다는 오기로
고독의 씨앗을 잉태하게 하고
복부를 동여매고 몇 날을 울었더냐
목에 걸린 가시처럼
삼킬 수도 뱉을 수도 없는
붉고 거친 슬픔이 낭창낭창 익어
그리움의 멍에처럼
달콤한 울음이 다디달다

# 찔레꽃 향기는

외진 산길 아무데서나
하얗게 웃는 찔레꽃
알싸한 향기는 애틋해서
소리 없는 울음이네
하얗게 피는 꽃 찔레꽃은
애달픈 전설 가슴이 찡해서
서럽도록 좋아라
그리움에 야위어 가시만 남은 꽃대에
하얀 꽃잎은 잎마다 눈물 고여서
나를 울리네
애절한 그리움으로 향기 만들어
나 여기 있다오
지나가는 바람, 옷깃에 매달려
향기만 전하고
저만치 달아나 숨어서 우네

# 산문에 핀 꽃무릇

푸른 멍 자국 감추던
스란치마 벗어버리고
회색빛 법복도 송구하다는 듯
아슬아슬하게
가느다란 꽃대 위에 맨몸으로
한 송이 붉은 꽃으로 피어난 여인
꽃잎은 핏빛보다 진한 선홍으로
온산을 물들이고도
가슴에 맺힌 한 다 풀지 못한 듯
선운사 목탁 소리에
제 몸, 주리를 틀고 서 있는 여인
속세의 인연 부질없다
애절한 전설 구구절절 꽃으로 피워내도
빗나간 사랑은 되돌릴 수 없어라
화엄경에 귀 열어 놓고
멀리 법당을 바라보는 꽃무릇이 된 이여
산문에 기대어 합장하며 우는 가련한 여인아

# 게발 선인장

우리 집에 화려한 공작 한 마리 산다
목숨을 담보로 무성하게 자라나는 발
게 발 몇 개 잘라냈다고 죄가 될까 싶어
눈물은 못 본 척 게걸음으로
작별을 재촉해 동행했지만
살아있는 발을 잘랐으니 얼마나 아플까
낯설고 물선 타향 같은 은신처
작은 화분 하나 제공했지만
잘린 발로, 목발도 없이 혼자 일어서려
얼마나 힘들었을까
목마를 때 물 한 방울 준 일밖에 없는데
상처 난 발끝이 아물고 새살이 돋고
발끝마다 진분홍 꽃을 매달고 보란 듯이 웃는다
옮겨온 지 3년 차 발끝마다 꽃무늬 단장하며
공작새처럼 화려하게 꼬리를 활짝 펴고
아늑한 거실에서 대관식을 꿈꾼다

# 칸나꽃

도도하게 목을 반듯이 세우고
몸을 반쯤 돌릴 듯 우아하게 선 자태
핏빛으로 붉게 피는 건
그냥 핀 게 아니라네
사람들은 미인초라 추켜세워도
악마의 손을 뿌리치고 흘린 피血라네

그대 앞에 서면 나는 칸나를 기억하지
칸나꽃 같은 짙붉은 속내 숨기고
나는 왜 작아지는지
무너지는 목소리와 몸짓을 바로 세우려
불붙듯 활활 피어나는 여름꽃
칸나꽃이 되고 싶어라

# 해바라기

눈이 부신 햇살처럼
언제나 찬란한 태양으로 보이는 그대
환한 미소로 꽃이 되고 마는 일편단심
하루는 그대로부터 시작되고
온종일 그대 생각으로 꽉 찬 설렘
행여 눈이라도 마주칠까
차마, 고개 들지 못하고
가슴만 설레는 못난 이 마음
눈을 감으면
빙긋이 웃는 그대 모습 보이네

고추잠자리 군무에 마음 졸이고
어두운 밤이 올까
애태우는 해바라기 마음
물소리 바람 소리 나를 설레게 하고
그대를 위한 노래
노란 꽃 편지 접으며 나는 기도를 하네
부드러운 바람처럼 환한 햇살처럼
그대 내게 오소서

## 화우花雨

화려하게 몸단장하고 봄맞이하더니
어느새 봄날이 간다고 안달 났네
천지간에 제일이라 으스대며 뽐내더니
세상살이 어느새 시들한게지

가슴에 든 꽃물
천기누설이라는 비밀 다 폭로해놓고
묵은 상처 도려내듯 야멸차게
미련 없이 떨어지네
서러운 눈물 감추려고
빙그르르 공중제비로
허공에 뛰어내리네

꽃잎의 노래 이별의 노래 꽃비 되어 내리네
고 은밀한 속살보다 맨발이 더 어여쁜 꽃잎
봄날이 간다고
서러운 눈물처럼 꽃비 되어 흩날리네

# 꽃비 내리는 날에

아마 그게 봄날이었나 봐
안민산 벚꽃 길에서 허망한 봄을 만나고 있었지
꽃잎이 바람에 날려 나비처럼 날고 있었어
하르르 날리는 꽃비를 맞으며 걷는데
내 머리에도 어깨에도 슬쩍 스치고 가는 꽃잎
어찌나 가벼운지 살짝 내딛는 내 발걸음에도
휘리릭 날아가 버리는 거야
꽃나비처럼 날개를 팔랑이며 나풀거리는 추억
허망하게 지는 꽃잎이었지
나태해진 바람은 봄을 안고 겁 없이 뒹굴고
나른한 문장으로 이별가를 부르듯
머리에도 어깨에도 가슴 속까지 적시는 꽃비
한줄기 미련으로 날아온 꽃잎
어쩌다 그대
꽃비가 되어 나를 울게 하는가

# 산딸기

산딸기 향내 익어가는 어느 봄날
입안의 달착지근한 산딸기 따라
눈감은 채 고향의 뒷산을 더듬어 간다

봄이 오면 야트막한 뒷산 중턱은
아찔한 향내로 날 불러내고
거기, 내 어린 기억들이 달콤하다네
두렵고 설레던 첫 이슬처럼
수줍게 피어나던 하얀 꽃잎
꽃진 자리마다
곱디고운 산딸기 붉게 익어가던 날

이파리 뒤에 숨은 수줍은 미소
똑똑 따시던 어머니
가시처럼 아픈 외로움에
그 옛날 아버지 술병病도 그리웠던가?

느그 아버지 좋아하시는 복분자 담아
돌아오는 제삿날 상에 올려 볼란다
해마다 5월이면
그리운 산딸기 향으로 내게 오시는 어머니

# 아카시아

해마다 오월이 오면
그리움처럼 기도처럼
온 산을 적시는 향기

윤산 등산로 길목에서 만난 아카시아
아카시아 꽃향기에 취해
눈 감은 채 지난날 그리노라면
아찔한 박가분 향이 나를 취하게 하네

엄동을 빈 몸으로 에돌아 울며
곧게 선 맵시로 하늘을 이고
애태워 봄을 기다린 것이
전설 같은 은어로 하얗게 피어
가난한 연인들에게
환한 미소 한 아름 안겨 주는 꽃

# 우리 나라꽃

아침이슬에 젖은 꽃잎
눈물이 그렁그렁합니다
밤새도록 그리움으로
가슴이 붉어진 걸 감추려고
미소를 지어 보이지만
눈시울이 뜨겁습니다

돌고 도는 세상 걸음마다
한얼 단심 붉게 새기라고
피고지고 피고지고
끝없이 피어 올리는 저 열정
끈질긴 인내로 꽃등을 내어 걸지만
무심한 세상인심에
외롭게 하늘 보고 웃습니다

아무에게나 환하게 불 밝히고
우리나라 꽃이라고
말해주고 싶어
오늘도 눈물 글썽이며 또
무궁무궁 피어납니다

# 무궁화無窮花야

무궁화꽃이 피었습니다
술래가 되면 돌담에 눈을 가리고
자랑스럽게 부르던 우리나라 꽃
바람 따라 등고선 넘어갔는지, 보이지 않네
숨바꼭질하던 아이 따라 꼭꼭 숨었나
보랏빛 상처 안으로 감추고 하얗게 웃으며
인적 끊긴 묵정밭도 초가삼간 울타리에도
수수한 민초처럼 우리네 모습처럼
당당하게 꽃잎마다 종소리 울리며
신라의 근화향은 무궁화로 다시 피었는데
일제의 만행으로 설 자리 잃어버리고
아직도 숨죽이고 숨어 우느냐
불타는 열정 안으로 삭일 줄 아는 여인처럼
하얀 꽃잎 속에 붉은 자줏빛
하루를 살아도 깔끔하게 피었다 지는
우리나라 꽃 무궁화야

# 선인장

정말 몰랐어요
밝은 빛을 따라 나왔을 뿐이에요
사그락거리는 모래밭을 무심히 걸었고
무작정 밝은 빛을 찾아 어둠을 지나왔지요
보는 이마다 모두 안쓰러워해요
가시가 달린 건 위험한 일이라고 호들갑을 떨어요
얼마나 죄업이 크면 가시를 달고 사느냐고
수군거리는 소리가 내 귀에 들리도록 떠들어대요
나도 모르게 내 살을 꼬집고 가시를 하나 빼어내면, 또
그 옆의 가시가 더 뾰족이 자라나요
정말 전생이 있을까요
무슨 죄를 지으면 평생 맨발로
사막의 가시밭을 가야 하나요
가시가 쿡쿡 찔러댈 때마다
가슴속 깊은 통증을 참으면
세상에서 가장 아름다운 꽃이 피어나요
망막한 사막에도 오아시스는 있는 것처럼
가시뿐인 내 몸 안에도 아름다운 꽃이 숨어있기에
전생의 마법이 풀릴 때까지
쐐기풀로 오빠들의 옷을 짜는 엘리자처럼
말없이 피 흘리며 가시를 하나씩 달래며 살아요

# 설중매

하얀 눈을 이고도
짱짱한 네 모습에
깊은 밤 으스러지도록
하얀 볼 안아주고 싶었네
작고 야들야들한
꽃잎 속에서
빼꼼히 내다보고
보일 듯 말듯 간당거리는
네 눈웃음에
오금이 저리고 짜릿한
내 속마음 너는 모르지
설한풍에 화르르 떨며
태연한 척 달빛을 보듬는
눈부신 하얀 외로움 나는 보았네

# 능소화

세월이 약이라니요
날이 가면 갈수록
쌓이는 이 그리움을 어쩌라 구요
행여 임의 발걸음 소리인가
나팔처럼 커지는 내 귓바퀴를 보세요

애타게 담장에 매달려
키를 늘리는
안타까운 내 심정을 아시나요
오늘도 붉게 피어나는
아픈 속내 감추지 못하고
줄기마다 새긴 사랑 헛되었어라

매정한 정 돌아보지 말자고
마디마디 새겨 두었건만
열꽃 같은 붉은 멍울
지우지 못하고
옛 정情에 매달려
아직도 눈물 가득하여라

# 봉선화 추억

울 밑에선 봉선화
꽃그늘이 길게 누울 때
단발머리 똠방치마 가시나
공깃돌 놀이도 시들해지고
어미를 기다리다
지친 두 귀
천만 개로 늘어나면
봉선화 씨앗처럼 부어오른 두 볼
툭 건드리면 터질 것 같은데
죄 없는 봉선화 꽃잎만
하릴없이 돌로 찧으며
울 밑에선 봉선화야 네 모양이 처량하다
입속으로 흥얼거렸지

손톱에 봉선화 꽃물들이면
저승길이 밝아진다는 말은 믿지 않아도
해마다 여름이면
비수처럼 다가오는 옛 추억으로
내 가슴은 또 분홍빛 꽃물이 든다

# 삐비꽃 연가

도회의 미로를 헤매다
숨이 찰 때마다
양지쪽, 소꿉놀이하던 순이
발그레한 두 뺨
화려한 불빛에 스쳐 가고
달착지근한 향기로 피어나는 그녀

사금파리 살림에 다정한 밥상
햇빛들이 내려와 둘러앉으면
어여쁜 순이 각시
삐비꽃 아주 연한 속살
고봉밥으로 담아내던 추억

꽃의 닫힌 문 두드리는 봄의 시정처럼
그리운 강 내 가슴으로 흐르면
서럽도록 고운 정, 그 노래 한 소절
바람 되어 내게로 오네

# 절간에 핀 서향

설법이 없어도 도량이 넓어진다는
삼대 사찰 범어사 화장실에 아찔한 향기가 난다
여기가 바로 극락인가 보다
속세에 찌든 오물 시원하게 버리고
꽃향기로 몸치장까지 한 보살님들
어이쿠 시원하다며 희희낙락이다

눈감고 귀 막고 사는 절간 모퉁이
근심을 풀어내는 통시깐
누구를 유혹하려는지
천리향 향기 폴폴 날리고 있다

꽃의 손길이 천 리를 간다는 천리향은
비밀스러운 향주머니 달고 떠돌아다니며
몸살 난 망아지처럼 향내를 피운다는데
법고 소리 징검징검 밟고 달려와
사찰 통시깐便所 몇 미터 앞에서
눈을 아래로 내리깔고 부처님 통시를 지킨다

# 각시붓꽃

꽃인 듯 풀인 듯 잡풀에 섞인 각시붓꽃
아침이슬에 젖은 보랏빛 입술
눈물 같은 이슬 먹고 보랏빛 여린 살
비밀스러운 사랑 그리움에 꽃물 든다

작은 각시가 사는 언덕에 노을이 지고 있다
저무는 노을에 그리운 이 생각나셨는지
각시는 붓끝을 세워 연서를 쓴다

소슬바람이 전하는 먼 바다 이야기
무장 서럽기만 한 달빛 사랑 이야기
명치끝이 아린 이팝나무 이야기를
하나하나 호명하듯 작은 붓끝으로
아직 꽃으로 피지 못한 것들에게
전설 같은 보랏빛 편지를 쓴다

# 봄 나그네

여름으로 가는 길목에서
서성이는 봄 나그네
이 봄이 다 가도록
그립고 그리운 임 만날 길 없어
울다 지친 봄 나그네를 아시나요

계모가 쑤어놓은 풀국을 훔쳐먹다 들켜서
매 맞아 죽었다는 뻐꾸기 넋이라오

남의 둥지에 제 새끼를 넣어놓고
애간장을 태우며 새끼의 둥지를 맴도는 어미
뻐꾸기 가슴을 닮았다고
뻐꾹채라 부르는 서러운 봄 나그네
애절하게 징징 울며 서럽게 피는 꽃

징징거리는 서러운 제 넋이 미워서
정말 패주고 싶어서
북채를 닮은 꽃이 되었다오

# 회화나무

신선한 그늘에 은은한 향기
귀신도 범접 못 한다는 괴목槐木
거목이 되어서 천 년을 산다는 나무
부는 바람도 온갖 풍상도
다 잠재우는 신령한 회화나무는
아픈 상처를 달래주는 명약이 되어
전설 속 도사보다 신명 하다네

매무새 상관없이 이름값 하는 나무라고
집안에 심어두면 정승이 나온다는
영화나무부터 불러보자
회화나무, 괴화나무, 홰나무,
학자수, 신령나무, 정자나무,
이름마다 감탄사 절로 나오네

허공을 이고 선 회화나무, 아득한 중심
하늘 가득 푸른 배래기 띄워두고
거목의 꿈 익어가는 8월이 오면
연노랑 나비 같은 꽃송이 날개를 접고
뜰 아래 툭 떨어져 바닥에 수를 놓네

# 보랏빛 제비꽃

서동 도서관 후문
가장자리에 환하게 웃는 제비꽃 보고
무언가 모르게 울컥 목줄에 걸린다

저승에도 보랏빛 제비꽃이 있을까
한 치의 여유도 없이
모난 돌 틈에 꼭 끼어서
옴짝달싹 못 하고
그래도 환하게 웃는 저 제비꽃
보랏빛은
내 어머니의 파랗게 질린
웃지도 울지도 못하는 그 얼굴

층층시하에
젊디젊은 시앗까지……

고개 숙여 웃는 저 제비꽃
옥죄는 돌 틈에서 얼마나 발이 저릴까
참다못해 보랏빛이 되고만 저 제비꽃
저승에도 보랏빛 제비꽃이 있을까

# 소류지 연蓮

한여름 장맛비도 겁나지 않아요
이미 아랫도리 물에 젖은 채
석삼년이나 되는걸요
가끔은 심술 난 바람이
멱살 잡고 흔들어도
진흙 속에서 절이고 삭인 이력으로
오욕칠정의 붉은 고뇌를
가는 허리에 묶어놓고
엷은 미소 동동 띠면 그만인 걸요
팔자려니 하다가도
가끔은 불쑥 치미는 억울함에
남몰래 울기도 해요
짙푸른 어둠을 밀고 나와
환해지고 싶은 청춘이거든요
물에서 뭍으로 오르는 일이 천지개벽인 줄 알지만
날마다 소원을 담아 고운 꽃잎으로 피어요

# 각시투구꽃

초오라는 풀꽃 아실랑가 몰라
자줏빛 정열은 가슴 깊이 숨기고
보랏빛 위엄으로 다소곳이 보여도
독한 여자 장희빈을 닮은 꽃이라네
이름만 들어도 가고 싶은
설악산 오대산을 배경으로
요염하게 피어
하루를 살아도 멋지게 살겠다 하네

고달픈 세상살이
감추고 싶은 게 하도 많아
치사량의 맹독을 숨겨두고
믿음직한 전사처럼
투구로 위장한 위험한 그대
각시처럼 어여쁜 꽃으로 사네

# 석류의 언어

보리누름 허기진 한나절
봄소식은 더뎌도 석류꽃 피더니
긴긴 여름날 지루함을 감추려고
남몰래 숨어들어온 은밀한 방
꽃보다 더 붉은 열정
숨겨둔 열정이 익어 보석이 되었구나

엄동의 핏빛 울음 물고
가슴 깊이 묻어둔 수많은 밀어
차마 말 못 하고 옹이가 되어도
남몰래 흘린 눈물 보석처럼 곱구나
알알이 익은 석류
석류꽃보다 더 붉은 사랑의 언어

제4부

# 비내리는 강

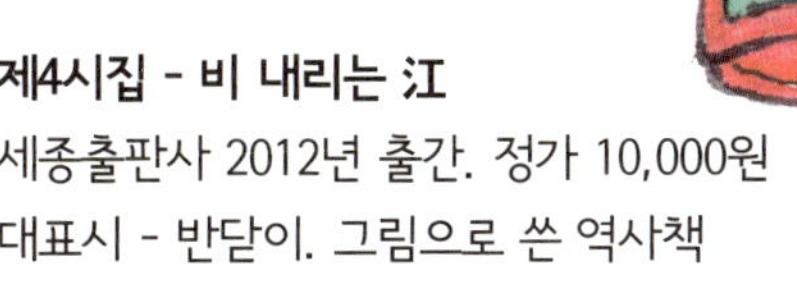

**제4시집 - 비 내리는 江**

세종출판사 2012년 출간. 정가 10,000원

대표시 - 반닫이. 그림으로 쓴 역사책

# 연리지連理枝

말없이 돌아누워 잠 못 드는 늙은 부부
등을 마주 댄 채 궁리 중이다
낮에 토닥거림, 마음에 걸려 뒤척인다
나란히 누워도 등 돌린 사이
부대낀 세월, 오십 년이 파노라마로
두런두런 지나가고 있다

청실홍실 엮으며 청사초롱 불 밝히는 날
뿌리는 달라도 이제는 하나라고 약속했는데
사는 동안 수없이 마음은 갈라섰다가도
둘 사이 이어진 잔가지를 바라보며 살았지

뿌리는 달라도 하나로 통하는 우리라고
심사를 달래는 동안
나뭇등걸처럼 거칠어진 주름 사이로
젖은 숨소리 들린다
아직 우리는 살아있구려
슬며시 맞잡은 손과 손
강물처럼 흐르는 정이 상처를 꿰맨다

# 문경 새재에서

과거 보러 가는 길 한양 가는 길
괴나리봇짐에 짚신 매달고 선비가 건던 옛길
새들도 울고 바람도 구름도 울었다는 고개
바람 따라 구름 따라
나도 한번 가보고 싶었네

고개마다 구릉마다 쌓인 사연 얼마인가
주흘산, 조령산의 긴 탄식과 한숨
하얀 폭포가 되고 푸른 계곡이 되었나
벼랑에 매달린 야윈 저 소나무
몰아치는 눈바람 비바람에 제 살 내어주고
기기묘묘해진 손가락
바위를 잡고 천 년을 버티었구나

굽이마다 떠돌던 전설, 하늘에 흰 구름 되어
호수에 제 그림자 드리우고 내려다볼 뿐
새재鳥嶺가 된 사연
구구절절 아직도 다 풀어 놓지 못하는가
나 여기 옛길에서 한 잎 풀잎 되어
바람 따라 구름 따라 흘러가는 옛날을 만나네

# 반닫이

오랜만에 들른 친정집 건넌방
굳이 지난날 말하지 않아도
오래된 반닫이에서 양반가 규범이 흘러나온다
보상화형에 제비초리 모양의 경첩
간결하고 절제된 선이 단아해서 친근하다

언뜻 투박한 겉모양 퉁명스럽게 보이기도 하지만
검은 무쇠 경첩 사이마다 나뭇결 사이마다
어머니 손때를 그대로 새겨 놓은 듯
은은한 무늬가 되어 반백 년 세월의 흔적으로 남아있다
주제넘은 욕심 버린 지 오래라는 듯
방 한쪽 벽에 기댄 채 다소곳이 눈 내리깔고 있다

세상의 모든 문, 다 열려도
반만큼은 굳이 열 수 없다는 저 고집
수줍은 듯 입 다문 자물통에서
속내를 드러내지 않는 규방 처녀처럼
은밀한 비밀 한둘쯤 남몰래 감춰두고 싶은 여인 같다

무엇이든 믿음이 가는 내 어머니 여기 계시다
생의 고비마다 덕지덕지 찌든 가난
눈물 자국처럼 얼룩져도
아리고 아픈 속, 반만은 접어두고
언제나 속내를 다 드러내는 일 없는 여인
과장과 허식은 모른다는 듯 수수하다

## 소록도

바다와 섬의 경계는
밀려오는 미망으로 서성이며
서러운 탄식이 갇힌 곳
한 마리 작은 사슴인 양
순하게 누워있는 땅

슬픔마저 사치스러운 문둥이들의
죽음보다 기막힌 상처가 매달려 있는 곳
그네들 얼룩진 기막힌 소망이 탄식으로
내 귓전에 와 닫는다
수탄장 감금실. 단종 대
거기 말라붙은 눈물이 아직도 아프다

가는 곳마다 혈흔 같은 비릿한 흔적
문득 내비쳐진 그들만의 처절한 외로움
누가 말했나? 천형天刑이라고,

지난날 한숨과 애환을
무심한 듯 끌고 가는 저 구름
사이 사이로 푸른 하늘이 길을 연다

오래전부터 드나들던 햇살은
아무 일 아니라는 듯 노을이 되어
절룩이며 서산마루 넘어가고 있다

# 낮달을 보면

서편 하늘에 하얀 낮달이 떠 있다
어머니 산소를 내려오면서
눈이 흐려진 탓인지 하늘도 희붐하고
서쪽 하늘에 걸린 낮달도 희미하다
너무 얇아 작은 바람에도 지워질 것 같다

빛나는 가문에 동분서주 바쁜 지아비 그늘
언제나 말없이 조용해도
자식들 가려운 곳 가야 할 길
잘도 짚어주시던 어머니
조용히 머리 숙인 수도자 같은 모습
지금은 산그늘에 잠드신 내 어머니

하얗게 늙어 윤기 없고
흰나비처럼 애잔하고 봄바람처럼 부드러운 내 어머니
세모시 하얀 적삼에 조용한 미소로
서쪽 하늘에 떠 있는 희미한 하얀 낮달

# 산소 같은 사람아

별 하나
수억 광년을 달려 내게로 왔다
말하지 않았어도 약속하지 않았어도
우리는 만나고 술잔을 부딪치고
비명을 토해내고 노래를 부르고
나는 그에게 그는 나에게 별이 되었다
비가 오나 눈이 오나
생의 우여곡절에도
당신의 노래는 끝나지 않았다
가끔은 너는 누구냐 물음표를 던지면서
공기 속, 산소가 소중한 줄 모르듯
그렇게 우리는 늘 함께 살았다
어느덧 잔은 점점 비워지고 별은 흐르고
꽃이 피면 꽃은 반드시 지는 법
이별을 앞두고 내게 묻는다면
너는 공기 속에 산소 같은 사람

# 대추차를 끓이며

끝없이 밀려오는 시름을 달래려
찻물을 올려놓고
마른 대추 몇 개 넣고 기다린다
무엇이 그리 분하고 억울한지
찡그린 얼굴로 웅크린 채 물에 뜬다
뜨거운 열기에 물살이 뒤척일 때마다
달아오르는 신열을 참지 못해
방방 뛰며 억울해 못 참겠다는 듯
몸부림치는 그 모습 나를 닮았다
뜨거운 열기 속의 대추처럼
한바탕 몸부림치고 싶은 날, 더러 있었지

아무리 단단히 다져진 속이라도
백도의 열에는 견딜 수 없나 보다
그 뉘를 사모하였기에 저리 붉은 심사 토해낼까
한 계절 바람과 햇살과 맺은 언약,
뜨거운 눈물로 달래며
고백하듯 풀어내는 닫혔던 마음

# 나비의 꿈을 꾸는 조가비

누가 만든 무덤인가
바닷가 한 모퉁이 소복한 조개 무덤
속 빈 조개들 쓸쓸히 모여앉아
갯벌에서의 추억담을 나누고 있는가

상처 난 갯벌을 어루만지듯
징검징검 걸어온 바람
죽은 조개 무덤에 앉는다
어젯밤 바다 이야기를 들려주려는지
슬쩍슬쩍 빈 조가비를 열어본다

적막보다 기막힌 서러운 무덤
헤엄치고 싶은 작은 꿈 잃어버리고
짓궂은 파도와
바람의 희롱에
찔끔찔끔 훌쩍이던 조개껍데기
등줄기 싸늘한 개흙 펄에 누어서
나비의 꿈을 꾸는지
빈 조가비 허공에 날개를 편다

# 인터넷 인생

나는 오늘도 나만의 집을 짓는다
아무도 허물지 못할 철옹성 같은 나만의 성을
개미의 열정으로 차곡차곡 쌓고 있다
주춧돌을 놓고 기둥을 세우고 서까래를 얹고
아늑하고 평화로운 나만의 방에서
삶에 밴 외로움을 달래고 느긋한 나만의 세계를 만들어
나의 내면이 있는 풍경을 내걸어놓고 누군가를 향해
지친 걸음 쉬어가란 말 걸어본다
이름도 성도 모르는 그대에게 부드러운 목소리로
나를 꾸짖어 달라고 발가벗은 채 대좌하기도 하면서
〈엔터키〉 한번 치면 바람처럼 사라질 허무한 집
내 사랑은 도도하게 허공으로 멀어질 것이다
그렇다. 인생은 인터넷이다
통신망과 통신망을 연동해 놓은 망의 집합
언제나 오류가 발생할 것이다
살다 보면 실수로든 고의로든 엔테키를 치게 된다
그리고 오류는 바람이 되어 삶을 흔들어 놓고
산천을 울리며 공간과 시간을 날려버릴 것이다
처음부터 법정 스님처럼 무소유를 실천했더라면
노심초사 오류를 두려워하진 않았겠지

# 모퉁이 앞에 서면

길을 가다 모퉁이를 만나면
불안이 먼저 앞을 가로막는다
보이지 않는 저쪽에 무슨 음모 있을지,
철조망을 뚫고 월경해야 하는 난민의 심정으로
낯선 모퉁이를 돌아가는 동안 심장은 쿵쿵거린다
가슴 깊이 묻어둔 생의 빌밀 문서라도 들킨 양
길 잃은 고양이처럼 두리번거린다
살면서 모퉁이 앞에 서보지 않은 사람 있을까
생의 골목마다 돌아선 그 사람 등짝 같은 모퉁이
늘 나를 안달 나게 하는 비밀스러운 어둑한 저쪽
바람 등지고 바람을 쫓는 이 간절함
막막하고 아득함이라니
살면서 몇 번이나 모퉁이 돌았을까? 고비 고비 돌 때마다
세상은 늘 어둠과 빛 사이를 방황하게 하고
비릿한 어둠을 날것으로 먹으며 생의 등고선을 넘나들 때
쿵쿵거리는 심장 소리 들으며
나는 또 불안한 모퉁이를 돌다 보면 어느새 환해지는 길
달력 한 장 넘기듯 생의 한 모퉁이 또 돌아간다

# 이사 가는 날

좁은 골목, 트럭 한 대
조비비듯 서둘러 빠져나가는데
누구에게 들키고 싶지 않은가보다
희뿌연 흙먼지로 꽁무니를 감추고
골목길 모퉁이로 얼른 사라진다

방금 버려진 세간살이 몇 개
휘청거리는 흙먼지에 감았던 눈을 뜨고
모퉁이로 사라지는 이삿짐 트럭을 바라본다
전신주 아래 버려진 저 고달픈 상처
가난을 물고 뜯은 흔적이 선명한 사기그릇 몇 개
아무렇게나 포개진 그릇, 통증처럼 이가 빠져있다
버려진 상처를 달래 주는지, 서로 볼을 부빈다

둥글게 빈 밥사발
오래전 내가 파놓은 묘혈墓穴 같은데
별일 아니라는 듯 텅 빈 그릇에 눈부시게 채워진 햇살
내 시선을 잡고 놓아주지 않는다
평생 주인의 밥상을 지켰을 저 빈 밥그릇

버려진 운명을 원망도 없이
하얀 여백에 쌀밥처럼 햇살 가득 담고
고스란히 식탁에 오를 것 같다

# 그림으로 쓴 역사책

– 반구대 암각화

태화강 상류 병풍 같은 암벽에 새겨진 그림들 대곡천은 몇천 년을 읽어보고도 아직도 모른다는 듯 여전히 눈을 크게 뜨고 천천히 암기하며 흐른다

선사시대 저 먼 옛날, 맨살로 암벽에 매달려 그리고, 쪼아내고, 긁어내고, 점으로 새기며 간절한 바람을 손가락으로 조율했을 돌도끼 소리, 음률처럼 들리는데 목젖이 붓고 핏줄이 서고 손등이 터진 수염이 텁수룩한 남자는 혼신을 담아 이 역사책을 만들었을 테지, 남자는 생명 없는 그림들 살려내려고 무당처럼 신을 불러들이고 주술을 걸고 기원하며 외줄을 타는 곡예사처럼 아찔하게 매달린 채 숙명처럼 망치질로 역사를 기록했을 테지

수염고래, 귀신고래, 작살에 맞은 고래, 새끼 밴 고래, 도미, 상어, 물개, 물새, 늑대, 여우, 거북이, 멧돼지 표범, 너구리, 새끼 밴 호랑이, 함정에 빠진 호랑이, 교미하는 곰, 짐승을 잡는 사냥꾼, 작살 창을 든 사람, 배를 타고 고래를 사냥하는 어부, 그물에 걸린 고기, 새끼를 거느린 사슴, 탈을 쓴 무당, 춤추는 남자, 옷 벗은 남자, 여자의 배 속의 아이까지 남자가 아는 모든 것을 바위에 그림으로 새기며 후손을 염려하고 걱정했겠지……

남자의 거친 숨소리 토해낼 때마다 한 마리씩 한 사람씩 그림으로 살아나 역사가 되었겠지 반구대 대곡천 물살이 출렁일 때마다 바위에 새겨진 선사시대 생물들 잠시 우르르 벌떡 일어났다가 벼랑의 암벽, 그림책으로 다시 들어간다

# 비둘기의 입몰入沒

해 질 녘 발소리도 없이
산 아래로 내려오는 어둠
조붓한 산길 모퉁이 작은 새들 어둠에 쫓기어
일제히 나뭇잎 사이로 파고든다 그때
산비둘기 한 마리 다급히 서둘다가 회전하는 바람과
공중전을 했는지 그대로 땅에 떨어진다
다시 날지도 못하고
창백한 몸짓으로 잦아드는 가녀린 몸부림
홀로 떠나버린 짝을 원망함인가
따뜻한 가슴을 기억해 두려 함인가
천천히 감기는 슬픈 동공
허공처럼 가볍게 누워 어둠처럼 적막하다
저무는 저녁놀이 실루엣처럼 황홀한데
점점 어둠의 빛깔로 변해가는 죽음
푸른 소식 전하려 하늘을 나는 꿈을 꾸는지
날아오를 듯 꺾인 날개가 움찔한다
아직도 전하지 못한 메시지가 남아 있는지
가녀린 날개 가늘게 떨고 있다

# 고창 선운사

화사한 가을 단풍 사이 울긋불긋
나들이객 질펀한 입담에도
선운사 뒤뜰 가지런한 돌담은
묵직하게 함구하고,
천 년이 흘러도 희로애락에
흔들리지 않으며
어떤 시류에도 한눈팔지 않는 도량이
법당의 부처를 닮아간다
고색 창연히 빛나는 대웅전 처마 끝에
풍경처럼 고승의 설법이 머문다

천왕문 곁에 부복한 고인돌
케케묵은 세월을 등에 업고
세월의 희로애락 역사를 못 본체
처연한 몸, 만연체蔓衍體로 엎드려 있다
한 줌의 흙이 될 인생에 욕심을 버리고
비움과 가벼움의 진리를 깨달으라 하신
검단 스님의 설법에 산적과 해적도
참선에 들었다는 이 절간 마당 귀퉁이
흘러가던 구름도 고요히 법화경을 읊고 있다

# 선운사 동백

고창 선운사 대웅전 뒤뜰에 동백꽃 필 때면
전국의 난다 긴다 하는 처사님 보살님들
관광버스 비좁도록 선운사에 모이는데
법당에 부처는 보는 둥 마는 둥
너른 마당을 가로질러 뒤뜰로 달려간다

춘동백 먼저 보겠다고 몰려드는
보살님 등쌀에
법당에 부처님 안절부절못한다
그 고운 꽃잎들 바람날까
가부좌 튼 무릎이
일어설까 앉을까 하루에도 몇 번을 들썩인다

대웅전 법당 뒤뜰에 핀 동백
부처가 떡 버티고 지키면 뭘 하나
예쁘다 예쁘다
저마다 비밀스러운 속내 감추고
애먼 동백꽃만 팔리고 있는데

# 법기수원지 삼나무 숲

산과 산 사이 고요한 우물처럼
깊은 못 천연스레 숲속 이야기 듣고 있다

육중한 몸 안에 숨겨둔 나이테를 허물고
삼천궁녀 드나들 궁궐을 꿈꾸어온
아름드리 편백, 삼나무 빽빽한 법기수원지
울창한 숲에 백 년쯤 묵혀 두었던 전설이
머리를 풀어 헤치고 수묵화를 그리며
하늘로 하늘로 오르고 있다
햇살은 은빛 긴 바늘로
촘촘한 숲을 뚫어 빛을 밀어 넣고
큰 나무 아래 작은 풀잎은 가느다란 햇볕을
악기의 현처럼 팽팽히 잡아당긴다
청설모 한 마리 가만가만 바람을 잡고 흔들어
현을 퉁기며 연주하다가
긴장한 발목을 멈추고 기웃기웃 흔들리는 햇살 노려본다
수원지 맑은 물, 말없이 지키고선 침엽수림,
산책로
떠들썩한 오후의 수다에 경계가 삼엄하다

# 자갈치 아지매

화려한 빌딩 숲 사이를 들어서면 바닷냄새 훅 스치고
(오이소 보이소 사이소) 부산 사투리, 싱싱하게 팔딱인다
갈매기도 따라 끼룩끼룩 사투리로 말 거는 자갈치는
자갈은 없고 좌판에 팔딱이는 바다가 있다

밀려드는 인파, 파도처럼 출렁이며
뱃고동 소리 선창을 깨우는 설익은 아침
부두는 경매 값 부르는 소리에 금방 생기가 돌고
단박에 요동치는 장이 열린다

비릿한 해풍에 소금기 간간하게 밴 자갈치 아지매
평생 생선 배 가르는데 이력이 난 손
낭창거리는 칼날은 팔딱이는 바다를 잠재우고
아직도 짠물이 그리운 것들
휑하게 허기진 뱃속, 짭짤한 눈물 한 줌 넣어
지느러미 대신 장바구니에 실려 보낸다

이른 새벽부터 저녁 이슥하도록 잽싼 칼질에
등 푸른 바다, 하나둘 좌판을 떠나고
썰물같이 빠져나간 바다가 앉았던 자리
식솔들의 웃는 얼굴, 꽃처럼 피어날 때
산처럼 무겁던 몸 귀갓길이 가뿐하다

# 둥글고 모나지 않게

깨어진 바윗돌
억 만년 긴 세월 말없이 도를 닦는다
밀려왔다 밀려가는 파도
몽돌을 흔들며 보채고 유혹해도
좌르르 좌르르 제 살 깎으며
천 년을 하루처럼 세운 뜻 그대로
둥글고 모나지 않게 살겠다는 다짐
침묵으로 선 관음처럼 눈부시다

깨어지는 아픔을 인내한 세월
하늘도 바다도 이미 알고 있지
닳고 닳은 몽돌이 되어서도
쉬지 않고 정진하며
몸과 마음을 갈고 닦는 저 신념
참선하는 마음 그대로
천만년 닦은 도량 반들반들 윤이 난다

# 안족雁足

기럭기럭 노래하며 하늘을 날아야 할 새
거문고 등에 잡힌 발 꼼짝 못 하고
V자로 날아가던 옛날을 그리며
3천 피트 높이 날아오르던 추억에 잠긴다

멀고 먼 길을 날아갈 듯이 발가락 자꾸 꼼지락거리며
하늘 높이 허공을 가르던 멋진 모습 그리며
거문고 몸통을 밟고 탐색이 시작된다

지상의 음률에 빠진 저것들 날개를 잃고
허공을 헤집어 길을 내던 발가락 까딱거리며
난해한 악보에 기러기 그려 넣고 물음표 던져 넣으며
거문고 줄에 묶인 발등으로 잊었던 바람 소리 듣는다

가끔 하늘길도 지워진다는 걸 아는 기러기
제 발가락을 잡고 애절하게 우는 거문고를 달래며
허공에 쓴 간절한 사연 기억해 내어 동기 당기당
그 울음 받아먹고 목이 멘다

# 천사

천사는 하늘에 있는 줄 알았습니다
하얀 날개를 달고 아무도 보이지 않게
가난한 사람들에게
행복을 나눠주는 神인 줄 알았습니다

언제나 보고 싶고 궁금한 천사
우리 아들이 내게 보내왔습니다
가만히 안아보면
깃털처럼 부드럽고 포근합니다
유리알처럼 투명하고 조그만 얼굴
나를 보고 웃을 때는
해맑은 봄볕처럼 따스합니다

초라해지고 가난으로 허기진 나를
짜릿한 사랑으로 가슴 설레게 하고
모든 근심을 날려버려 줍니다
그냥 보기만 해도 웃음이 나고
가슴이 쿵쿵 뛰는 행복입니다
바로 천사가 나에게 왔습니다

# 내 사랑 너는 모르지

– 민혁아

맑은 눈동자 살짝 웃는 눈웃음은
파란 하늘 햇살처럼 눈 부셔
아직 읽지 못한 편지처럼
언제나 나를 궁금하게 하는 사연들
우리 강아지 민혁아 너는 모르지

어제든 할머니하고 문 열고 들어설 것 같은
네 웃는 얼굴 물안개처럼 방안 가득하고
맑은 목소리 시냇물처럼 졸졸거리는 네 음성
온종일 내 귓전에 맴도는 거 너는 모르지

하늘 향해 날갯짓하는 새처럼 꿈 많고
하얀 깃털처럼 부드러운 너의 볼
하나밖에 없는 나의 보물 1호
날마다 안아주고 싶고 뽀뽀하고 싶은
내 마음 너는 모르지

사랑에 취한 마음 사랑에 빠진 마음
조롱조롱 창가에 매달아 놓고
네 발걸음 소리 들으려 귀 열고 산다

# 우산

가버린 첫사랑 등 뒤에
퍼붓고 싶은 얄궂은 심통처럼
정수리 두드리며 무수히 쏟아지는 비

비 오는 사이길 골목 사이로
당신의 우산이 되어 사뿐히 나서는데
빗속을 걸으며
내 손을 꼭 잡고 가시던 당신

허름한 제 몸 적셔 파르르 떨며
싸늘한 설움 차마 내색도 못 하고
녹아나는 정 다 퍼주어도
비 갠 오후
쓸쓸히 버려질 줄이야

오로지 젖지 않게 하려는 마음
시린 몸 젖는 줄도 모르고
버리러 가는 줄도 모르고
오직 그대의 따뜻한 손만 기억합니다

# 동해의 꽃

– 주상절리

수 억 년 달아오른 뜨거운 가슴
아픈 심장 어쩌지 못해
소리 내어 울며 지표를 뚫고
붉고 거친 파열음으로 솟아낸 상처
꽃 한 송이로 피어
경주 앞바다에 아직 떠 있다
물길 연 파도가 꽃잎을 여닫는 동안
이제야 이별 길을 찾았는지
운명에 묶인 깊은 상처, 사슬 끊고
천 마디 말씀을 별들에 전하며
난장으로 패인 가슴 달래며 부채꼴로 누워있다
고대 희랍 신전 돌기둥처럼 차갑게
돌아앉은 마음 하나 달래보려고
바다는 오늘도 빗장을 풀고
쉼 없이 너를 향해 달려간다
파도는 수천만 년 변함없이 너를 위해
먼 해조음 불러
꽃 같은 궁궐 한 채 짓고 있다

# 노안

등잔 밑이 어둡다는 말 나이가 들면서 실감 난다
가까이서 잘 보이던 신문 글씨
어느 사이 걸어 나갔는지 ……!
몇 발짝 저만큼 나가 앉아있다
무릎걸음으로 내게 은밀히 다가오는 생의 전환점,
생의 경계를 한고비 넘어가는 줄도 모르고
내 속에 꿈틀거리는 무의식은
언제나 청춘인 줄 착각하면서
시각의 제한이 협소해지는 걸, 꽃의 유혹이라
건방진 에고(ego)는 괜찮다고 위로했었지
방책 없이 심통을 부리는 세월을 너무 얕잡아본 게야
신문을 30센티쯤 뒤로 당기며
노안을 생각해 보는 나
이제야 멀리 보겠다는 아량이 생긴다

## 비 내리는 강

비가 내리면
강물은 그냥 흐르는 게 아니라네
촉촉한 비를 맞으며 도란도란 속삭이고
작은 동그라미 그리며 노래를 하지
밤 깊도록 비가 내리면
불어나는 강물을 걱정하며
밤길을 걷던 모녀처럼
그렇게 정답게 흘러서 가네

내 어머니 강물처럼 흘러갔어도
내 마음에 새겨진 정 아직 그대로 있네
혼자 걸어도 촉촉이 젖어 오는 정
비가 되어 내 마음에 흘러내리네
아파도 서러워도 끈끈한 그 정 못 잊어
비 내리는 강가를 서성이면
어느새 내 눈에 고이는 눈물
강물 같은 내 마음 비가 되어 흐르네

| 서평 |

# 詩의 파원波源, 탐색과 성찰의 시간

마경덕 | 시인

닫힌 창으로 빗소리가 스민다. 유리창에 닿는 순간 빗물은 미끄러지고 소리는 날아오른다. 귀를 열고 가슴으로 자욱하게 내려앉는다. 미세한 틈을 파고드는 소리는 집요하다. 비가 그치면 빗물은 곧 마르겠지만, 가슴으로 착지한 소리는 오래도록 마르지 않는다.

빗방울에 졸음을 씻어내는 나뭇잎들, 가로등 불빛에 드러난 빗줄기, 주춤주춤 물러서는 골목의 어둠, 습기에 젖어가는 허공, 빗물에 발등이 젖는 밤거리……

소리에 업혀 집안으로 들어선 바깥들로 집안 내부까지 촉촉한 밤이다. 빗소리의 높낮이에 따라 바람의 강도와 나무들의 흔들림까지 감지된다. 보지 않고서도 보이는 풍경이 방울방울 가슴에 맺힌다. 그동안 눈으로 익힌 체험 때문이다. 보는 것과 듣는 것에서 그친다면 소리는 죽는다. 생생한 느낌을 채록할 때 소리는 살아남는다.

인류가 생긴 이래 언어는 지역에 따라 발달해 왔다. 사람의 발성기관은 수십 개의 다른 소리를 낼 수 있지만, 소리란 의미를 가질 때 비로소 완성된다. 무한 공간에 흩어진 언어를 조합하고 창조해내는 시인들, 언어의 진화에 일조한 시인의 가슴엔 얼마나 많은 파문이 고여 있을까.

파동을 전달하는 물질은 매질이다. 지진파는 땅이 매질이고 수면파의 매질은 물, 소리는 공기가 매질이다. 공기가 없는 우주에 나가서는 옆 사람과 이야기를 할 수 없다고 한다. 진동이 처음 시작된 곳, 그렇다면 詩의 파원(波源)은 어디일까. 감동과 전율을 일으키는 파동, 시인은 그 파동의 매질이 詩라고 믿는다.

시인은 기억의 창고에서 내부의 풍경을 꺼내 백지(白紙)에 진술한다. 온갖 잡동사니가 운집한 기억의 창고는 불빛이 흐린 다락방이나 버려둔 것이 생각나 문득 문을 열게 되는 벽장 같은 것이다. 시인은 선택한 사물의 내면을 파고들어 통로를 열고 대화를 주고받는다. 포착된 존재를 관찰하고 분석하며 추상적인 생각을 끄집어내 실제의 문장으로 발화시킨다. 유연한 사고, 새로운 상상력, 시간의 경험들은 시적 화자와 연결되어 성찰의 계기를 얻기도 한다. 언어로 태어난 글자들, 시집은 곧 '시의 집'인 셈이다.

안행덕 시인은 흘러간 시간을 현재로 끌어내어 새로운 감각으로 기억을 재구성한다. 대상을 향한 작법(作法), 즉 흘러간 것을 복원하고 그것을 현재의 삶과 연결 짓는 시인의 태도는 주도면밀하다. 과거와 현재를 결속시켜 시를 끌어가는 시적 호흡이 힘차다. 언어의 질감이 조밀한 것도 체험에서 우러난 치밀함이 배어있기 때문이다. 시인은 작품을 통해 잃어버린 자신을 찾아간다.

―「반닫이」

곡선이 느껴지는 기억과 모서리가 날카로운 기억이 있다. 「반닫이」는 두 가지의 기억이 중첩되어있다. 시인은 반닫이를 통해 과거의 기억을 불러낸다. 한쪽 면을 여닫는 반닫이는 쉽게 속내를 드러내지 않는 믿음이 가는 어머니와 같다. 생의 고비마다 눈물 자국 얼룩져도 아린 속 반은 접어둔 속 깊은 모성(母性)이다. 여러 가지 생활용품을 보관하는 반닫이는 말 그대로 반만 여닫게 만들어졌다. 옷가지는 물론 제기처럼 무거운 내용물과 서책, 귀금속 등 귀중품을 보관하기 위해 견고하게 제작되고 견고성을 유지하기 위해 사용한 철재 장석 중 경첩은 가구 몸체와 문판을 이어주는 역할을 했다. 이 견고함은 고집과 이어진다. 시인은 선이 단아한 제비초리 모양의 경첩에서 강직한 어머니의 이미지를 발견한다. 시인의 의식에 내재한 체험이 반닫이를 통해 드러난다. 인간의 관계는 언어를 통해 재현되므로 포괄적인 의미의 담론은 인간의 모든 언어행위와 이로 인해 이루어지는 모든 관계를 포괄한다고 한다. 그렇다면 안행덕 시인의 시적 담론은 '사물과 인간의 조화'이다. 사물에서 얻어낸 개별적인 경험, 즉 사물의 속성을 시편 곳곳에서 합리적으로 풀어내고 있음을 알 수 있다.

–「이사 가는 날」

중국 춘추시대 월(越)나라 재상 범려의 말에서 유래된 고사성어 토사구팽(兎死狗烹), 실컷 부려 먹다가 일이 끝나면 돌보지 않고 헌신짝처럼 버리는 세정(世情)을 비유해 이르는 말이다. 누군가 이사를 하면서 전신주 아래 버린 사기그릇 몇 개는 이가 빠져있다. 안행덕 시인은 '버림받은' 사물을 향한 일관된 응시와 연민으로 인간의 속성과 삶의 통점을 짚어낸다. 타의에 의해 지나온 시간과 결별하는 일은 고통이 따른다. 전신주 아래 버려진 '이가 빠진' 사기그릇은 화자의 감정과 동일시되어 고달픈 상처로 나타난다. 화자와 무관한 객관적 존재도 화자의 주관적 해석에 의해 관련을 맺게 되는 것이다. 상처를 은폐하려고 좁은 골목을 조비비듯 빠져나가는 트럭은 흔히 볼 수 있는 우리의 모습이다. 조가 마음대로 비벼지지 않아 조급하고 초조하다는 '조비비다'는 조를 손바닥으로 비비는 모습을 연상케 한다. 마치 쓸모없어 헌신짝처럼 버려서 미안하다는 몸짓인 양 느껴진다. 그것은 '버리는' 것도 '버림받은' 것 못잖게 부담으로 작용한다는 것이다. 시인은 버려진 상처에 눈이 부신 햇살을 채워 넣는다. 누적된 "상처를 어루만지는 일"이 시인의 몫인 것이다.

자갈치 축제마당 후끈 달아오른 분위기
왁자지껄 인파로 인산인해다
축제마당에 빼놓을 수 없는
걸쭉한 입담 각설이타령
북적이는 인파에 밀리며
겨우 한자리 차지한 사람들
시끄러운 축제 마당

—「전어」 일부

'대가리 하나에 깨가 서 말'이라는 전어, 서남해안 수심 30m 이내 얕은 곳까지 오가는 근해성 전어는 여름 동안은 육지에서 멀리 떨어진 난바다 외양(外洋)에서 지내다가 10월경부터 이듬해 봄까지 바다와 민물이 합류하는 조류가 거센 수역으로 돌아온다. 전어가 북상하는 시기가 오면 '전어 굽는 고소한 냄새에 집 나간 며느리도 돌아온다'는 전어 시즌이 온다. 이때 제철을 만난 전어 주산지는 미식가들로 북적거린다. 전어의 배 쪽은 은백색이라 은전(銀錢)처럼 눈이 부시다. 맛이 좋아 전어를 사는 사람이 돈을 생각하지 않기 때문에 전어(錢魚)라고 한다는 유래도 있다. 전어와 관련된 행사들이 다채롭게 펼쳐지는 전어축제, 걸쭉한 입담 각설이타령까지 등장해 시끌벅적 축제는 무르익는다. 전어를 팔아 한 몫 보려는 상술에 돈(錢)을 달고 다니는 전어는 불안하다. 어항 속 전어는 언제 잡혀 나갈지 장사꾼 눈치만 살피며 짜디짠 눈물을 풀어놓는다. 빽빽한 어항 속에서 불안한 지느러미를 흔들며 요동칠 때마다 반짝이는 은빛비늘이 은전처럼 쌓인다. 약

육강식의 세상, 전어의 목숨값은 맛으로 계산되고 상인의 주머니는 두둑해진다. 시인은 수조에 갇힌 「전어」를 통해 '억압받는' 약자의 '고통'을 보여준다. 접시에 진열되는 약자의 살점은 인간의 미각을 부추기는 '음식'에 지나지 않을 뿐이다. 이 관계는 어쩔 수 없는 숙명적인 관계여서 죄책감 없이 누구나 당연히 받아들인다. 그들은 신이 인간의 삶을 위해 지어놓은 제물일 뿐이다. 신이 베풀어 준 특권을 누리는 인간들, 화려한 축제 뒤에 숨겨진 전어의 슬픔을 시인은 예리하게 지적하고 있다.

바람 부는 날에는 차를 마시고
비가 오는 날에는 술을 마시며
세상 이치 거스르지 않고 살아온 사람
바람풍자에 벌레충이 왜 들어 있는지 몰랐지
태풍이 지나간 제 몸을 보고서 놀란 사람
불혹을 겨우 넘긴 나이
뼈에든 바람과 싸우는 저 사내
아침마다 비탈진 등산로에서
힘없이 흔들거리는 왼쪽 팔을
오른손으로 붙잡고 바람풍자를 그리며
한 발짝 뗄 때마다 위태롭다
예고 없는 바람 앞에 무너진 사람
오늘도 바람을 잡고
바람풍을 아시나요
물음표를 던지며 바람풍자字를 그리는 사람

— 「바람풍(風)자를 아시나요」 전문

이 세상을 다스리는 지배자, 완벽하게 지음 받은 인간도 예기치 못한 바람을 맞는다. 몸이 좋아하는 방향으로 세상의 '대부분의 편'에서 살아온 사람에겐 불행은 이미 예고된 것인지도 모른다. 바람風에 벌레蟲이 들어있다는 것을 미처 몰랐던 사내는 바람의 표적이 되었다. 한창인 불혹의 나이에 사내는 몸을 갉아 먹는 바람과 싸우고 있다. '중풍(中風)' 혹은 '풍(風)'이라고 부르는 바람은 혈기가 왕성한 사람도 쓰러뜨려 제물로 삼는다. 뇌혈관이 막히는 뇌경색과 뇌혈관의 파열로 뇌 조직 내부로 혈액이 유출되는 뇌출혈이 발생하면 혀가 굳고 손발이 굳는다. 바람의 포로가 되어 어눌한 말과 거동이 불편한 장애를 평생 안고 살아야 한다. 어느 날 몸을 향해 달려든 바람은 세상에서 가장 무서운 風이다. 예정된 궤도를 돌고 돌아야 하는 지루한 싸움이 시작되고 바람의 반경은 확대되어 주변까지 피해를 입힌다. 타인의 도움 없이는 정상적인 생활이 불가능하다. 또 누군가는 바람의 시중을 들어야하고 바람에 휩쓸리지 않으려면 적잖은 노력과 희생이 필요하다. 바람이 보낸 예고, 전조증상을 가볍게 여긴 사람들은 뒤늦게 땅을 치지만 글자 속에 박힌 벌레충처럼 바람은 몸속에 박혀 몸과 마음을 갉아 먹는다. 시인은 묻는다. 바람풍을 아시나요? 그 바람 속에 무서운 벌레가 도사리고 있다고 '경고의 메시지'를 보낸다. 이렇듯 생의 모서리는 얼마나 많은 것일까? 건강한 삶을 열망하는 시인은 뒤섞인 '삶과 죽음'을 '이쪽과 저쪽'으로 확연하게 배열하고 있다.

―「모퉁이 앞에 서면」

눈으로 확인되지 않는 것에는 '불안'이 숨어있다. 전철에 버려진 커다란 가방, 출처를 알 수 없는 음식, 병명이 나오지 않는 질병…, 이것들은 인체에 치명적인 독(毒)을 숨기고 있는지도 모른다. 실체를 밝혀내기 전까진 의문은 증폭된다. 어둑한 저쪽, 불안을 안고 모퉁이를 돌아야 하는 지점, 시적 화자는 예기치 못한 생의 모퉁이 앞에서 철조망을 뚫고 월경해야 하는 난민의 심정으로 서 있다. 여기서 '어둑한 저쪽'은 한 번도 가보지 못한 미지(未知)의 공간이다. 예상할 수 없는 것들이 모여 있는 곳은 어두워서 보이지 않는다. 한 치 앞도 볼 수 없어 삶의 모서리에 부딪혀 치명상을 입을 수도 있다. 어둠은 죄악이 은폐하기 좋은 곳이다. 화자는 조심조심 달력 한 장을 넘기듯 생의 한 모퉁이 돌아간다. 바람을 등지고 또 바람을 좇아가는 삶의 아이러니에 누군가 삶은 희극이라고 했던가. 그 모퉁이를 무사히 넘기면 또 다른 길이 기다리고 있어 가슴을 쓸어내리며 또 걸음을 재촉하는 것이다. 개인적 취향과 선택된 미학적 개념을 근거로 시는 각각의 옷을 입는다. 시인은 언어의 고리를 단단히 엮으며 불안한 이 시대를 한 걸음 한 걸음 진지하게 나아간다.

아! 살겠다
금방 버무린 김치 한입에
그녀는 변명처럼 입맛을 다신다

음양의 조화를 안다는 듯
무 배추 푸르게 땅심을 자랑하는데
요절낼 속내를 감춘 그녀
요리조리 살피는 척 알찬 놈 골라
단번에 쓰러트리고
조자룡 창도 검도 아닌 부엌칼
열십자로 휘둘러 조각을 낸다
무엇이 그녀를 부추기는지
피도 못 흘리고 아파하는 늑골에 굵은 소금
사정없이 뿌리고 물고문을 시작한다.
기절해 축 늘어진 그에게 뿌린 화끈한 고춧가루에
자백도 못 하고 숨을 거두니
영하의 냉장실에 안치를 시켜놓고
드디어 완전무장 해제를 하는 그녀

— 「배추 죽이기」 전문

「배추 죽이기」는 말의 재미를 한껏 살린 작품이다. 결말이 빤한 일방적인 싸움 앞에서 칼을 휘두르며 수백 번 지레 죽겠다고 야단이다. 그를 잘 죽여야만 그녀가 살 수 있다. 고된 노동 앞에 죽었다가 다시 살아난다. 칼자루를 쥔 자의 응징은 야속하고 매정해서 뿌리를 잘라 숨통을 끊고 그것도 모자라 늑골마다 소금을 뿌려 풀을 죽인다. 시적 화자는 '생사'의 문제에 초점을 맞추고 다가선다. 이 땅의 여인들에게 주어진 '노동'은 피해갈 수 없는 과제이다. 사물의 속성을 묘사하고 깊이를 담아내는 데 주력한 그녀의 시편들은 비바람에 나무들이 나이테를 늘려가듯 삶의 연륜이 묻어난다. 들뜨지 않고 차분하게 사물을 관조하는 시작법은 비교적 안정을 거두고 있다. 그것은 습작의 기간을 오래전에 넘어온 시인의 '시적 관록'이다. 시인이 지향하는 고지를 향해 달려가는 일에 멈춤이 있으랴. 수없이 완성된 풍경에 닿을 수 있도록 명징한 이미지를 감각적으로 표현한 시인은 나태함에 소금을 치는 일도 잊지 않는다. 삶을 조명하는 진지한 태도는 「비둘기의 입몰(入沒)」에서도 잘 드러난다.

천천히 감기는 슬픈 동공
허공처럼 가볍게 누워 어둠처럼 적막하다
저무는 저녁놀이 실루엣처럼 황홀한데
점점 어둠의 빛깔로 변해가는 죽음
푸른 소식 전하려 하늘을 나는 꿈을 꾸는지
날아오를 듯 꺾인 날개가 움찔한다
아직도 전하지 못한 메시지가 남아 있는지
가녀린 날개 가늘게 떨고 있다

— 「비둘기의 입몰(入沒)」 일부

어둠은 소리가 없다. 그 어둠에 쫓긴 새들이 둥지로 날아드는 시간, 한 발짝도 물러서지 않는 완강한 바람에 새가 부딪혀 추락한다. 공중을 지배하는 것은 바람이다. 산의 정기(精氣)를 물려받은 산비둘기조차 회오리에 휘말린다. '거부할 수' 없는 '힘'이 공중을 장악하고 그 힘에 밀려 추락한 산비둘기의 죽음은 수없이 박차고 날아오르던 지상이었다. 허공은 어떤 죽음도 품지 않는다. '날개'라는 말에는 '비상과 추락'이 들어있어 날아오른 높이만큼 추락의 강도는 높아진다. 새의 장지(葬地)는 결국 하늘이 아닌 바닥인 것이다.「비둘기의 입몰(入沒)」은 황홀한 저녁놀이 번지는 시점이다. '아름다움의 뒤편'에 이렇게 '천천히 감기는 슬픈 동공'이 있다. 눈에 보이는 것만이 전부는 아니다. 때로는 소리 없는 침묵에 목이 조일 때가 있다. 산비둘기의 죽음을 지켜보는 시적 화자도 생의 가녀린 날개를 떨고 있다. 어둠은 모든 것을 덮는다.

-「낮달을 보며」

태양 빛에 가려 하늘 귀퉁이에 창백하게 떠 있는 낮달, 마치 낙관을 찍어놓은 듯 하늘에 귀속해있다. 스스로 빛을 낼 수 없는 달은 저장한 햇빛을 반사하여 밤에 밝은 빛을 낸다. 지구에서 달까지의 평균거리는 38만 4,400㎞, 지구에서 가장 가까운 곳에 있지만, 낮달은 눈여겨보지 않으면 잘 보이지 않는다. 밀물과 썰물로 해면의 높이가 변하는 조석(潮汐), 그 원인은 주로 지구에 가장 가까운 달이 바닷물에 미치는 인력에 있다고 한다. 그렇다면 저 낮달이 시인에게 미치는 영향은 얼마나 될까. 서쪽은 해가 지는 곳, 많은 이름이 잠시 머물렀다가 일몰이 되었다. 지아비 그늘에 묻혀 살던 지상의 낮달들. 떠난 후에도 자식이 그리워 낮달로 떠 있다. 잠시 썰물처럼 물러섰다가 밀물처럼 밀려오는 애틋함이 저 낮달에 있다. 시인에게는 모든 생명체가 자연의 한 부분으로 인식된다. 세모시 하얀 적삼의 소박한 낮달은 산그늘에 잠드신 우리들의 어머니를 닮았다.

– 「선운사 동백」

봄바람이 스치면 창백한 봄은 입술에 붉은 립스틱을 바르고 일어난다. 가부좌를 튼 선운사도 꽃 기운에 등 떠밀려 일어서고 사방팔방에서 몰려든 보살님들 법당 부처는 보는 둥 마는 둥 너른 마당을 가로질러 뒤뜰로 달려가 동백을 한 아름 안고 간다. 부처는 외롭고 애먼 동백꽃만 분주하다. 시 한 편으로 유명세를 탄 '동백'이 '부처'인 셈이다. 우리는 얼마나 많은 것을 잊고, 잃고, 그것마저도 모르고 살아가는가. 정작 소중한 것들은 뒤편에 밀려나고 헛된 것들만 우리의 마음을 사로잡는다. 소유욕으로 삶을 출발한 사람들, 청맹과니로 살아가는 사람들에게 봄은 유혹의 계절이다. 우리는 또 얼마나 많은 시간을 눈이 멀어 살아야 할까. '눈을 똑바로 뜨고 살라'고 아름다운「선운사 동백」이 죽비로 어깨를 내리친다. '돌무덤'을 다룬 「고인돌」과 신문을 30센티쯤 뒤로 당기며 이제야 멀리 보는 '아량'이 생겼다는 「노안老眼」은 타인과 하나가 되기 위한 깨달음을 보여준다. 삶의 깊은 성찰(省察)이 담긴 수작(秀作)이다.

강물은 그냥 흐르는 게 아니라네
촉촉한 비를 맞으며 도란도란 속삭이고
작은 동그라미 그리며 노래를 하지
밤 깊도록 비가 내리면
불어나는 강물을 걱정하며
밤길을 걷던 모녀처럼
그렇게 정답게 흘러서 가네

내 어머니 강물처럼 흘러갔어도
내 마음에 새겨진 정 아직 그대로 있네
혼자 걸어도 촉촉이 젖어 오는 정
비가 되어 내 마음에 흘러내리네
아파도 서러워도 끈끈한 그 정 못 잊어
비 내리는 강가를 서성이면
어느새 내 눈에 고이는 눈물
강물 같은 내 마음 비가 되어 흐르네

— 「비내리는 강」 전문

비가 오면 강은 비의 족적을 문신처럼 새기느라 분주하다. 강물로 뛰어든 빗발들은 찰나의 흔적만을 남기고 강물속으로 사라진다. 아득한 공중에서 낙하를 결심하기까지 몇 번을 망설였을까? 머물지 않고 유장하게 흘러가는 강, 하지만 연어가 모천으로 돌아오듯 추억은 역류한다. 도란도란 강변을 걸으며 불어나는 강물을 걱정하던 그 모녀는 다시 이 강변을 걷고 있다.

시집 표제시인 「비 내리는 강」은 비장미(悲壯美)가 느껴진다. 시인의 애틋한 고백이 담긴 「비 내리는 강」은 시인의 주관적 정서와 아름다운 내적 세계를 차분하게 보여준다. 안행덕 시인의 시적 대상은 '사물과 자연'이다. 그 풍경 속으로 독자를 초대하고 닫힌 귀를 열게 한다. 연륜과 관조(觀照)의 힘이 느껴지는 시편들은 모두 나름의 무게를 지니고 있다. 무겁지도 가볍지도 않은 마침맞은 시편의 무게가 흥미롭고 즐겁다. 읽고 나면 맑은 여음(餘音)이 남는다. 그녀의 영혼이 얼마나 아름다운지 느껴지는 것이다. 사물을 탐색하고 그 특질을 시로 바꾸는 시인의 열정으로 기억하고 싶은 여러 편의 시가 태어났다. 넓은 바다를 향하여 흐르는 강물처럼, 시인의 시선은 끊임없이 시원(始原)을 향해 흘러갈 것이다.

시인 마경덕

제5부

# 바람의 그림자

**제5시집 - 바람의 그림자**

세종출판사 2014년 출간, 정가12,000원

대표시 - 범어사에서. 징검다리. 화전풍경

# 조개무덤

주인을 잃어버린 빈집
누가 이렇게 무덤처럼 쌓아 놓았나
산처럼 모여 있어도 외로운가
가슴 열어 놓고 먼 산 바라기를 하네

세상에
뼈를 깎아 세운 아름다운 집
이렇게 고운 집에는 누가 살았을까
어느 누가 보쌈을 해갔는지 흔적도 없네

대문도 없는 빈집에 죽은 조개를 찾아온
바다를 건너온 바람이 조문하고
애도 곡 같은 파도 소리 따라
물새들 울음은 곡哭소리처럼 서럽네
애장터에서 우는 새끼 잃은 어미 같네

바람둥이 파도는 쉬지 않고
주인 없는 빈집을 슬쩍슬쩍
염탐하듯 들여다보네

# 격자창

격자 창살에 매달린 열이레 달빛
침침한 방안을 슬쩍 염탐하는데
심심하던 창살은
달빛을 마름질해 조각을 내고
조각난 추억을 퍼즐 놀이하듯
설익은 그리움 하나둘 맞춰나간다

격자 창살에 잘려버린 먼 전설 같은
너와 나의 인연
오늘은 어제를 잊고
내일은 오늘을 잊어버려라
망각이라는 놈이 꼬드겨도
희미한 추억 창문을 넘어 들어오는데
무정한 격자 창살에
비명도 없이 잘리고 있네

# 범어사에서

범어梵魚가 놀았다는 전설을 찾아
물처럼 바람처럼 길을 나섰네
바람결에 묻어나는 풍경소리 은은한
산문에 들어서니
몇백 년 된 은행나무 소나무
행자처럼 읍소하며 나를 반기네

일주문 지나 사천문에 이르니
세속의 짐은 다 벗어놓고 왔느냐
눈 부릅뜬 사천왕 호령에 오금 저리며
불이문 보제루를 돌아서니
빛바랜 단청을 인 대웅전 부처를 품고
자비로운 아미타의 미소가 환하다

돌계단 하나에 세속의 연하나 내려놓고
또 한 계단 오르며 욕심 하나 버리니
빈 마음에 고요를 담아
슬며시 여민 옷깃
두 손 모아 삼천 배로 세속을 벗어버리니
절 마당 출렁이고 범어梵魚가 놀고 있네

* 부산 포토시집에 수록

# 징검다리

멈출 수 없는 세월에 뒤질세라
쉬지 않고 흐르는 물도
가끔은 머뭇거린다
물 위에 문신처럼 새겨진 돌을 만나면
저도 모르게 순해지는데
이쪽과 저쪽을 이어주는 징검돌의
부르튼 발 때문이다

누군가의 마른 발이 젖지 않고
징검징검 밟고 가라고
제 몸 통째로 제물로 바치고 침묵하며
흐르는 시냇물에 맨발을 숨긴 돌

물 위의 표정은 태연한척하지만
물살에 헌傷處 발은 상처투성이다
통증으로 절룩거리면서도
제 소임을 다하려고
나란히 서 있는 친구 손을 붙들고
물살에 떠내려가지 않으려 부르르 떤다

* 부산시단 작품상 수상 작

## 화전 풍경火田 風景

병풍처럼 둘러선 태백산맥 끝자락
천둥과 비바람 백 년을 흔들어도
하얀 구름모자 삐딱하게 쓰고
낡은 집 한 채
핼쑥한 낯빛으로 누구를 기다린다
빛바랜 사진첩인 양

촘촘한 너와瓦 목木 사이마다
비릿한 생선 비늘 같은 너와 지붕
푸른 이끼로 세월을 새겨 넣고
허기진 가난과 고난의 이력을
역사처럼 펼쳐놓은 회색빛 풍경

풀잎 스쳐 간 벌레들 울음소리
물 한 방울 흘러간 흔적까지 선명하다
짓궂은 바람의 어릿광대로, 반쯤 열린 문짝
추억처럼 묶어둔 역사 한 페이지

시큰거리고 덜컹거리는 무릎으로
금방이라도 주저앉을 듯 기우뚱 엉거주춤
너와집 한 채 쓰러질 듯 서 있다

주인이 드나들던 문틈으로
보랏빛 엉겅퀴꽃 한 발 들여 민다

# 바람이 전하는 말

바람 부는 날 귀 기울여 봐요
봄이 오는 소리 들려요
저마다 제 빛깔 드러낸
봄이 오는 강변 길
사유를 전하는 바람 만나면
세파에 찌든 상처 날아가고
도도히 흐르는 강물처럼 여유로워라

강 너울에 드러난 모래톱 위에
외다리로 새 한 마리 그림처럼 서 있고
아슴아슴 하늘 내려와 가슴 시린 날
내 마음 헹구는 바람 불어와
숲과 강과 들꽃 이야기 들려주는데
문득 선경에 들어선 듯 황홀해
바람이 전하는 말 다 받아 적지 못했네

# 바람의 그림자

천인賤人을 닮아서 서럽다고 운다
제 그림자를 찾아서
얼마나 많은 길을 헤매었는지
아무도 모른다

생의 언약도 없는 바람처럼
차창 밖 풍경처럼 지나가는 삶
눈 내리는 겨울밤 갈길 잃는 빈 마음
어디로 가야 하나

사는 게 고단하지 않은 사람 어디 있으랴
같이 갈 이 아무도 없는 고행길
빛없는 어두운 밤에 그림자 잃은 영혼 되어
어디로 가야 하나

길 잃는 바람 같은 나, 오늘도
제 그림자 찾아 황량한 벌판에서
회오리를 꿈꾸는 바람이어라

# 생불을 만나다

바람마저 합장을 하는지
절간처럼 조용한 외진 뜰 분재 화원
한 귀퉁이에 가부좌 틀고 앉은
소나무 분재盆栽

백열등을 향로처럼 머리에 이고
등신불처럼 자비로운 미소로
수행 중이다

사지를 철삿줄로 묶인 채 무아에 든 생불이다
소신공양하듯
두 눈 딱 감고
합장하며 화르르 제 몸 불사르고 있다

두 손 두 발 묶인 채
온몸에 거룩한 경전을 새기고 있다
억겁의 죄를 사죄하듯
잎마다 향을 피운다

어쩌다 꿈에 본 부처를 만난 듯
새순 잎마다 미소가 핀다

# 묵향墨香에 취해서

하얀 화선지에 살포시 내려앉는
먹물 한 방울
처음부터 고단한
제 생을 말없이 그려낸다

천이백도 고열도 견뎌낸
절절한 송백의 기백
제 짝인 벼루를 만나 반가운 맘에
까맣게 탄 제 속을
물 한 방울에 풀어 자백하듯
묵향의 사연을 술술 풀어낸다

단단한 제 몸을 풀어
시름을 달래듯 국궁 사배로 엎드려
한 획마다 간절한 사연을 담아
고고하게 젖은 마음 내려놓는다

# 죽방멸치

지족 항에 봄이 익어갈 지음
어부는 설렌다
부채꼴 죽방림에 밀려올 봄 손님
푸른 바다의 속살처럼
하얀 두루마리 풀리듯
인조 한 필 풀어 길을 내시고
난류를 타고 온다. 유속 따라서 온다
춤추듯 흔들리며 들어온 손님
사뿐히 뜰채로 모시고
멸막을 다녀오신 손님
먼 길 오시느라 고단한지
채반에 누웠다
상처하나 없이 빛나는 자태
은백색 몸체가 도도하다

# 농월정弄月亭

저만큼 높이 언제 올라갔는지 저~ 달
온화한 미소로 조용히 세상을 내려다보는데

정자 아래 너럭바위 사이를
조심조심 흐르는 여울에 빠진 저 달 보소
부끄러운 줄 모르고 발가벗고 미역을 감네

요염한 자태에 이미 할 말 잊은 나그네
달빛이 지어내는 시 한 수에 취해
달아달아 이리와 내 술 한잔 받게나

나그네의 희롱에도 눈섭 하나 까딱 않고
물가에 아찔하게 나신으로 누운 달
능청스럽게 명쾌한 시 한 수로 응대하니
정자에서 거드름 피우던 나그네
술에 취하고 월광에 취해서
오늘 밤 잠 못 이루겠네

# 모닝커피를 마시며

독설처럼 쓰디쓴 커피 맛
달콤한 설탕으로 위장하고
나를 유혹하는
모닝커피 한잔에
똑 속아 넘어가
아 향기 좋은데 하며 손이 간다
커피 한잔 할까
갈색 향에 매료된 현대인들
밥 한번 먹자는 말보다 쉽게 나오는 인사
커피를 갖가지 모양으로 첨삭해서
각각의 성깔을 표현하듯
제각각의 이름표를 달고 기다린다
나름대로 선택한 커피를 마시며
그윽한 향을 즐기고
누군가를 은은하게 그리워하며
악마의 유혹에 손을 내민 천사처럼
쓰디쓴 한잔의 마법에 걸린 현대인들
쓰디쓴 커피 같은 인생살이도
커피 향을 즐기듯 인생을 즐기면
그윽한 향기가 날까

# 첫눈

한걸음에 오지 않았으리
먼 산도 잠든 시간
밤새도록 조심조심 내린 눈
나뭇가지에 조용히 앉아
밤이 새도록 아름다운 약속 지키려
말없이 창밖에서 그렇게 떨고 있었구나

분분히 날리던 꽃잎 대신
새하얀 눈송이로
나뭇가지에 조용히 앉아
어디서 어떻게 왔는지 말도 못 하고
밤이 새도록 애절하게 기다리며
눈물 글썽거리고
그렇게 발자국을 지우고 있었구나

새하얀 너의 미소가 저만큼
가고 있는데
첫눈처럼 그대 내게로 오지 못하고
추억으로 거기 그렇게 있었구나

## 별이 되고 바람이 되어

빗물인지 눈물인지 봄비가 내린다
노란 리본 적시며 하늘이 운다
푸른 꿈 미완으로 남겨두고
저 하늘에 별이 된 내 아가야
꽃피는 봄날이 이렇게 추운 줄 몰랐다
청명한 봄날 설레며
여행을 간다고 집을 나선 아가야
세 밤 자고 온다더니 열흘이 넘었구나
슬픈 그림자도 없는 캄캄한 바다를 보며
아무 데도 없는 너를 찾아 목 놓아 운다
칠흑의 깊은 수심 저승으로 가는 길로
서러운 굴레를 씌운 자 누구인가
소쩍새의 한숨처럼
잦아드는 숨소리 너는 듣느냐
별이 되고 바람이 되어 다시 만나려나
아~ 세상아

*세월호 참사를 보고

# 콩나물

정갈한 제사음식으로
콩나물 다듬는데
떼어낸 발들이 그 껍질과 어울려
자꾸만 물음표를 던지며
4분음표를 그리고 쉼표를 찍는다

물만 먹고 자랐으니 심성이 착하디착하다
떼어낸 잔발들 서럽다 말하지 않고
깨끗한 음률을 만드는데
가볍지도 무겁지도 않으면서
장중한 선율로 애도곡을 쓴다
뿌리 끝에 흐르던
물방울 소리 기억해 내며
미완의 교향곡을 다듬는다

# 오륜대 수원지의 아침 풍경

슬쩍슬쩍 어둠을 먹어 치우는 바람 사이로
아침 햇살 하루의 빗장을 풀고
사알짝 호수를 흔들어도
모른 척 시치미 떼고 누워있네
물 한 모금 마시고 새 한 마리 날아가네

밤새 어둠에 갇혔던 수양버들
가는 허리 살랑살랑 흔들며 깨어나고
호수는 느리게 뒤척이며
햇살 잡고 반짝 윤슬을 만들어 내네

수원지를 안고 어르던 산들
말갛게 씻은 제 얼굴 수면에 비춰보는데
물구나무선 나무들 사이로
머리를 감은 아침 안개
신선처럼 하얀 옷자락 하늘하늘 흔들며
산을 오르네 하늘까지 오르네

# 시월의 편지

가을이 간다고 촐랑대는 바람에
못 견디고 떨어진 단풍잎 하나
바람 따라 날아가다
비에 젖은 유리창에 걸렸네

누가 보낸 엽서인가
외로운 단풍잎 편지
하트를 그리면서 손을 흔들고
나를 붙들고 놓아 주지 않네

시월의 나무가
계절에 고별을 알리는 한 장의 문장
쓸쓸한 가을 풍경으로
유리창에 매달려 곡예를 하네

인생길 황혼길 낙엽 같은 나
세월이 간다는 소식 한 장에
절룩거리는 마음 하나 어쩌지 못하고
가을비 빗금 긋는 창밖을 보네

# 순천만 갈대밭에서

갈대숲을 가로지른 외길
나무다리 위에서 만난 인연
갈대 사이 개펄에 발발 기어가는
작은 새끼게 한 마리
빨간 등딱지에 쪼그만 발
하도 귀여워 가만히 만져 보고 싶었지만
행여나 잡힐까 쪼끄만 게 발은
어찌나 잽싸게 달아나는지
눈으로만 따라가 보았다
갈대숲에 숨어버린 손톱만 한 게 한 마리
아무리 기다려도 나오지 않고
기다림이 지쳐 그리움 되고
갈대숲 겨드랑이 사이를 훔쳐보는 이 마음
아쉬움, 한 덩어리 내려놓고 돌아서는데
짱뚱어 한 마리 메롱 하며 꼬리를 흔든다

# 솟대가 보낸 전문

금정산성 북문에서 범어사로 내려오는데
아득한 허공에
수묵담채 진경으로 새 떼 한 무리
마른 나뭇가지 끝 높이 올라앉아
무설설 불문문 경지에 닿으려
무리 지어 경전을 펼쳐놓고 숙독 중이다

누가 만들었나
신의 영역을 탐내는
하늘에 닿고 싶은 저 소망

하늘과 땅 사이에 메신저가 되라고 만든
솟대
하늘 높은 장대 끝에서 가느다란 목을 빼고
전문을 기다린다
내 마음속 소망을 알아차린 듯
이 마음 하늘에 타전됐는지
범어사의 독경 소리 물고 하늘로 날아오른다

# 동짓날 밤

마른 바람이 삭정이를 흔들며
외로운 듯 천천히 지나가는 밤
동지 팥죽에 생의 무딘 이야기 한 술
집어넣고 휘휘 저어본다

수없이 길어 올리고 풀어낸 세월이건만
긴긴밤, 동짓날 밤은
어쩌라고 잠마저 달아나는지

그 옛날이 촉촉이 젖어 드는데
눈처럼 흰 새알심에 달달한 맛
붉은 수수 빛깔 술 한 모금
그때는 세상이 모두 화려했는데……

어둠을 지우며 또 새날이 온다며
곡절 많은 사연일랑
달아나는 밤바람에 던져주고
아늑하고 따듯한 고향으로
돌아오라 말씀하시던 내 어머니

그리움이 가득 담긴 팥죽 한 그릇
하얀 새알심을 헤아려 보는데
섬섬閃閃히 늑골 사이를 빠져나가는
그리운 바람 소리 들리는 밤

# 낙엽과 나

허공에서 맴돌며 연연해하던 너
안타까움을 접고 야윈 몸
슬그머니 손을 놓는다
바닥을 구르며 바스락거리는 것은
아프다고 절규하는 소리
너를 보는 내 눈이 젖는 것은
떠나는 서러움을 알기 때문이란다
사부작이 몸 비틀며 구르는 저 낙엽
긴 여름 나무에 매달려 참았던 울음
은유로 고백하는 중이란다
서럽게 울지 못하고 속으로 우는 울먹임
그 서러운 여운에 나를 묻고
나뭇가지 끝에 걸린 내 아린 손톱을 본다
금방 내 발등으로 떨어질 것 같은
대롱거리는 설움
기약 없이 에돌아 우는 바람 때문에
놀라워라. 내가 낙엽이 되어 가다니

# 낙엽이 되어

쓸쓸한 가을 오솔길
소리 없는 울음이 굴러갑니다
한겨울 삼 동을 견뎌내려고
제 살붙이를 떨구는 나무
굳이 가을을 탓할 일은 아니지
생의 경계를 넘어 속살까지 붉은 상처,
빛바랜 수척한 하늘 아래
잘 배색 된 날개를 흔들며
해 질 녘 외롭게 떨어지는 잎새
쉬어갈 자리를 잃은 바람
나를 붙들고 잉잉 울고 갑니다
텅 빈 마음 주체하지 못하던 나
낯선 거리를 서성이는
바람 따라 길을 나선 게
외로운 방랑자 되어 노숙합니다
푸른 젊은 날은 몰랐지요
이별이 얼마나 서러운지
가을이 얼마나 외로운지

# 겨울 걱정

어둠을 슬며시 밀어내고
묵묵히 돌담에 내려온
달빛 아래

겨울을 걱정하는
애절한 귀뚜라미
울음소리에
돌담에 기대선 단풍나무
툭툭 흘리는 붉은 눈물

딸각딸각 바디질 소리
겨울 채비로
마음 급한 풀벌레
베틀에 앉아
달빛을 재단하여 가을 깁는다

# 아름다운 금정산

태고의 신비를 만나러 가자
금샘으로 유명한 부산의 명산
굽이마다 진산이라 자랑하니
봉우리마다 음각되어 푸르다

인간사 번뇌도 한순간에 아우르는
천년 고찰 범어사를 품어
구름 아래 흐르는 물소리 도란도란 정답고
떠돌이 산새들도 노래하는데
무너진 성벽 아래
푸른 이끼가 말하는 슬픈 역사를
남몰래 펴 나르는 저 바람을
누가 감히 시비를 걸겠는가

진경으로 펼쳐진 숲길에
나비가 춤을 추듯 부챗살을 펼친 듯
기암괴석이 전하는 전설을 들으며
구구절절한 사연을 더듬어 오르다 보면
묵묵한 고당봉이 마중을 온다

# 고당봉

천상에서 내려온 신령의 발자국인가
보기 드문 바윗돌, 탑인 듯하네

하얀 파도처럼 떠 있는 구름
허공을 치는 바람에 밀리면
하늘 문 열렸다 닫혔다 하는 사이
섬처럼 외롭구나

신령한 말씀이 돌이 되었나
화강암 바위라 하기엔 근엄하다
구름을 입었다 벗은 맨살로
아찔한 비알 부둥켜안고
낙동강을 바라보는 고당봉

아무도 들을 수 없는 운우雲雨
귀한 천상의 소리
사면으로 번지는 비경
운우지정이 여기에 있네

# 그대에게 꽃 한 송이 바치다

– 헌화제

동백기름 바른 듯 윤나게 잘 꾸며진 UN 묘지
유월의 묘원은 고요하다
청동 묘비 아래 잠든 벽안碧眼의 젊은 그대
반백 년 세월이 흘렀어도 아직 약관이리
낯선 아침의 나라, 자유와 평화를 지키려
총탄과 포화 속을 거칠 것 없이 종횡무진 하다가 스러진
젊은 넋이 여기 잠들어있다

꽃과 정원수가 아름다운 묘원에 잠들었지만
그네들의 성난 목소리 포효처럼 들린다
아낌없이 흘린 피, 붉은 넋을 무엇으로 위로하랴
당신은 불멸이다. 정갈한 마음 담아 꽃 한 송이 바친다

처절한 비명이 묻어있는 참전국 국기 앞에서
고사리손을 잡은 참배객, 옷섶을 여미고 눈을 감는다
6.25에 젊음이 멈춰버린 낯선 이방인의 미소가
한 마리 나비처럼 꽃바구니에 앉는다

제6부

# 빈잔의 자유

**제6시집 - 빈잔의 자유**

세종출판사 2018년 정가 10,000원

대표시 - 살풀이 춤. 도시의 늪에 악어가 산다

# 파도처럼

수평선 끝자락에 하늘이 내려와
여기까지라고
길게 푸른 선을 긋고 웃는다

시퍼런 상처를 안고도 날마다
솟구쳤다 사라지고 밀려왔다가 밀려가네
어쩌면 저리도 평화로운지

헛도는 시간 속에
살아갈수록 험한 세파에 멍든 가슴
이리 밀리고 저리 밀려도
푸르게 웃자 파도처럼

# 은빛 바다와 노파

비릿한 냄새가 옮겨 붙은 자갈치 골목
노파의 등처럼 구부러진
은빛 바다가
벌거벗은 채 좌판에 앉아있다

벌거벗은 바다를 구경 온 사람들
골목마다 항구처럼 돛을 내리고
온종일
바다를 몰고 온 바람과 실랑이다

부력을 잃어버려 파닥거림 없는
등 굽은 바다
꼼짝 못 하고 할머니 손끝에서
그물에 갇히듯 장바구니에 담긴다

하루 치의 자릿세를 셈하는 등 굽은 노파
떨리는 굽은 손가락 사이로 금쪽같은
파란 지전이
지느러미처럼 파닥이며 빠져나간다

* 2018년 고삳문학 작품상 수상

# 갯그령 같은 여자

밋밋한 것 같아도 성깔 있는 여자
바닷가 모래벌판을 맨발로 걸어도
청여淸女처럼 서늘한 게 신비스러워 눈부시다

바닷가를 거닐다 전사구를 만나면
제집인 양 편안하게 신발을 벗고
마음을 풀어헤친다

절박한 삶을 위하여
짠물에 젖어 비늘처럼 거칠어진 생
갯그령처럼 나도
바닷바람에 여유롭게 흔들리고 싶네

* 2018년2월 한국 문학 신문(제343호)게제

# 말과 말

입안에 갇힌 말은 날마다 탈출을 꿈꾸네
가벼운 입술은 빗장을 열어주며
위험한 말의 일탈을 부추기고
주인이 잠시 한눈팔면
말은 고삐 풀린 망아지처럼
거침없이 들이박고 후다닥 줄행랑친다

비수 같은 말, 늘 위태롭다
입안에 숨어서 틈만 나면
탈출할 기회를 엿보다가
방심하면 위장술로 담을 넘는다

말고삐를 놓치면 위험하다
천방지축 무서운 속력으로 달리는 말
가녀린 입술은 속수무책이다

허술한 마구간에서 날뛰는 말
말뚝에 단단히 묶어 놓고 경계하라

# 숨비소리

하마하마 바다를 바라보는 나
숨죽이고 엄마의 숨소리 기다린다

바다가 그리워
우울증을 앓는 여자
남몰래 바람이 되는 여자
물질하러 바다로 간 내 어머니

이어도를 서방이라 부르는 여자
숨이 차도록 바다를 사랑한다면서
걸핏하면
해초 줄기에 목을 매고 싶다는 말로
내 애간장을 태우는 여자

참았던 울음 파도에 풀어놓고
거친 바다에서 들려오는 소리
호~오이 후~우
호~오이 후~우
숨을 몰아쉬는 망사리 같은 여자

바다를 가르는 숨비소리 들리면
휘파람 소리 같기도 한
날 부르는 소리
망망 바다에서 들리는 내 어머니 숨소리

# 신이 내려준 선물

한 해가 저물어 간다고
손 흔들던 낙엽의 냄새 향기로운 가을이다

기수처럼 달리는 세월을
한 마리 말처럼 섬세하게 다루지 못한 나
신이 내려 준 고귀한 선물인 걸 나 미처 몰랐네

하늘과 땅이 있어 너와 내가 살아있다는 걸 몰랐네
구구절절 아픈 사연도
굽이굽이 험난한 삶은 지나가는 바람인 걸
나 미처 몰랐네

단 한 번 내게 신이 내려준 고귀한 선물
목마른 대지를 적셔 주는 단비도
생명을 키우는 햇살도 바람도
귀한 선물인 걸 나, 이제 알았네

익어가는 가을 냄새로 물든 낙엽 같은 나
신이 내려준 귀한 선물이었네

## 바닥

바닥은 시작이다
우리는 언제부턴가 날개를 갖고 싶어 하며
추락하는 것을 두려워하면서도 추락하는 연습을 한다

파산하는 것 막판이 되는 것
탈탈 털리고 빈손일 때
더는 내려갈 곳이 없을 때
바닥이라 한다
천둥벌거숭이
숭숭 뚫린 가슴
간신히 알아낸 바닥의 실체는 살아남는 법을 궁리한다

바닥을 기어보면 안다
더는 추락 할 곳도 없다는 것을
절망이라 생각할 때
바닥을 칠 때
아~ 탄식을 할 때
비로소 살아있다는 걸 안다
바닥은 시작이다

# 홍잠 든 그녀

푸른 뽕잎에서 푸른 잠을 자는
개미누에는 잠에 취해서
사그락사그락
빗소리 우아한 꿈길을 걷는다

잠실에서 명주실을 토해내는 널 만난 후
무릎뼈가 달그락거리는 줄도 모르고
잉앗대를 잡은 베틀에 앉은 아낙
새하얀 꿈이 부푼다

언어의 명주 실타래
물레에 감아올릴 꿈으로
마지막 섶에 누어 홍잠紅蠶 든 그녀

# 환생

시체를 손수레에 끌고 언덕을 오르는
힘겨운 저 늙은 사자를 아는가

사자의 손에 끌려온 바퀴는 지친 듯 멈추고
오늘의 시세를 결정하는 심판관 앞에서
세월의 무게와 바램의 무게가 흔들릴 때
이미 지친 늙은 사자는 명부를 찾는다

저울 눈금의 눈짓 하나로 천당과 지옥이 결정되는데
여기까지 끌려온 모든 시체는
저울에 올라갈 때 이미 환생의 길이 열린다

# 서러운 손톱

내 서러움 먹고 돋아나는 손톱이 미워서
잘근잘근 씹으면 까무룩 해지고
맥없이 무너지며
묵은 슬픔이 하얗게 잘려 나간다

손끝마다 매달린 철없는 욕심
내 심장이 고동칠 때마다 절규하며
토막토막
동강 나는 내 살점이 아프다고 아리게 운다

감각이 없는 듯 잘려 나가는 손톱
툭 하고 외마디로 살아있다고 한마디 하며
핏기없는
내 삶을 대신해 자라기를 멈추지 않는다

# 날개 하나 달고 싶다

내 메시지 전하기도 전에
어찌 알고 눈물 젖어 빛나는가 저 별

아득히 먼 창공에 내 꿈 하나 걸어놓고
지극정성 두 손 모으는 간절함
흔들린 만큼 다져진다는 걸
바람은 알고 있네

고백과 고통을 승화시키지 못한 언어로
어두운 밤하늘 난바다가 되어가는 나
아무도 모르게 날개 하나 달고 싶네
비장의 무기 하나 갖고 싶네

오매불망 저 별에 닿지 못한 그 사연
백지 위에 두 손 모으고 마음 비우면
파랑새 한 마리 돌아올까
내 시어에 날개 하나 돋을까

# 색종이의 감정

종이접기 강사 손끝을 따라
영혼을 접수하고
늙은 손끝을 감아올리면
색종이는 인연의 업을 불러들이고
늙은이들의 감정을 읽는다

마법에 걸린 종이는 한번 접을 때마다
향기로운 꽃으로 먼 나라별처럼
반짝 피어 황홀하다
새의 심장처럼 차마 만질 수 없는
두근거림으로 색종이는 새가 되어
나를 따라온다

빨강 색종이는 딸기가 되기도 하고
동백꽃이 되기도 한다
한 번 접힌 종이는 온몸으로 피돌기를 하며
천천히 색을 바꾸며 피어난다

감정을 감춘 종이 각시
조심스러운 손끝에서 피고 지는 사랑
조마조마 새색시로 음전하게 서 있는 그대
그대는 전생 어디를 빙빙 돌아
이제야 나를 찾아왔는가

# 도시의 늪에 악어가 산다

하늘을 찌를 듯한 빌딩과 빌딩 사이
선악이 잠수하는 낯선 시간
지루해진 나는 숨은그림찾기를 한다
오방색 화려한 그림 한눈에 반한 퍼즐 게임은
언제나 평화를 가장한 선율로 유혹하는데
종달새 지저귐에 마음 열고
자칫 발이라도 한 번 헛디디면 숨 막히는 늪에 빠진다

위험한 늪은 늘 기습적이다
통째로 먹이를 삼키는 악어가 사는 늪
진부한 언어로 음파를 타전하다가는
청각을 열어놓은 악어의 밥이 된다
뒤통수가 오싹하고 머리카락이 쭈뼛거리는 도심
잠깐 방심하면 짐승의 울음소리가 달려든다

날카로운 맹수의 눈빛이 번득이는 골목
화려한 샹들리에 뒤에는
어둠의 그림자가 똬리를 틀고 웅성거리지만
선량한 초식동물은 무서운 음모를 모른다
카멜레온에 한눈팔지 마라
찰나의 순간 위험에 빠질라

## 처음부터 맨발

처음부터 조개는 맨발이었다
패갑 하나 쥐여 주고 떠난 어미는
어느 시들은 펄밭을 헤매는지
파도에 할퀴고 천적에 오금 저리며
앙다물고 버티다 찔끔찔끔 흘리는
조개의 눈물

적막보다 기막힌 서러운 젖은 발
따스한 기억을 더듬으며 탐색하듯
개펄을 건너고 있다
생각난 듯 징검징검 걸어온 바람은
상처 난 맨발을 어루만진다

공해 먹은 도회의 뻘밭에 맨발인 나
패갑 같은 오욕 내려놓지 못하고
오늘도 가련한 욕심 끌어안고 잠이 든다

# 화장과 환장 사이

꿈에도 그리운 피붙이
칠성판에 가지런히 뉘어 놓고
고운 삼베 한 필 끊어 수의 대신 입혀드리고
화장化粧 대신 고운 한지로 단장을 시켜드리고
영락공원 화장장에 들여보내려니 환장하겠네

불꽃도 보이지 않는 천도의 열기
화덕 안에 있는 널 밖에 있는 난
생각만으로도 환장하겠네

안에 있는 넌 밖에 있는 널
이승과 저승 경계를 허무는 일이
시간의 갈증을 풀어야 하는 것도 환장이겠지

홍시처럼 붉게 익어갈 얼굴
화부의 표정이 생각나지 않네
자명종이 울릴 때
화장火葬과 환장 사이에서
나는 풀벌레처럼 서럽게 울었네

## 해우소解憂所

보덕사 절간에서 만난 해우소
백 살이 넘어 뼈대가 앙상하다
늙은 제 한 몸 지키기도 어려울 텐데
사소한 이별도 큰 근심도 다 해결해주느라
긍긍전전 전전긍긍이다
표정 없이 앉아 있는 것 같아도
이녁도 구린내 지린내 고역이란 걸 알겠다

천장도 떼버리고 문짝도 활짝 열어놓고
벽에 구멍 뚫어 콧구멍 밖으로 대고 있는 걸 보라
남의 근심 풀어 주는 일이 어디 쉬운 일인가

백 년이 넘도록 한자리에서 무던히 앉아있다
이제는 부처가 다 된 해우소
그동안 근심을 풀고 간 중생들 극락왕생 빌고 있다

## 명궁을 꿈꾸며

나는 詩의 홍심을 찾고 있다
명궁을 꿈꾸며
은유의 대상까지 추리하고 상상하고
나는 날마다 붉은 심장을 조준하며 산다

내 마음은 늘 홍심紅心이다
붉은 내 마음을 관통시킬 너를 만나고 싶다
마음은 언제나 명궁이다

詩의 과녁 앞에 서면
시위를 당기기도 전에
과녁의 중심이 보이지 않아 당황한다
오늘도 詩의 홍심을 찾아
황량한 벌판에 서 있는 나

## 미역귀는 이명을 앓고 있다

기장 앞 바닷가 난전에 나온 미역
귀를 기울이고 미세한 감각을 더듬는다
출렁이던 물살도 장난스러운 작은 물고기도
꿈처럼 사라지고 낯선 바람이 분다

어르신 진짓상에 오르기 위해
한줄기 해초로 살아남기 위해
작은 귀로 듣고 온몸으로 견딘 고달픈 울음
천 번도 더 흔들려야 귀가 뜨이고, 파도 소리
들리며 여리고 하늘거리는 생이 시작되는데
밀물과 썰물의 소실점을 알아내려고
그 작은 귀로 얼마나 동동거렸을거나

진수珍羞로 다시 태어나는 게 어디 쉬운 일인가
세찬 물살의 소용돌이를 견뎌내려고
물의 갈퀴를 움켜쥔 미역귀가 아직도 동그랗다

난생처음 시장 바닥에 나온 미역
들리는 듯 들리지 않는 파도 소리에
귀를 기울이고 낯선 바람을 염탐하는데
이미 미역귀는 이명을 앓고 있다

# 물에도 뼈가 있다

칼로 물 베기란 말 들어봤나요
그래요 툭하면 티격태격해도
칼로 물 벤 자리처럼
그대로 물 같은 부부

칼로 베어도 상처 하나 없는
물 같은 사랑도
마음을 닫고 꽁꽁 얼어버리면
단단한 사리 같은 뼈가 되는데

세상은 물에도 뼈가 있다는 걸
가르쳐주지 않아서
가끔은 칼날이 부러지고
뼛속까지 아프게 하지

봄날의 봄볕 같은 따스한 精이
물의 뼈도 사르르 녹여주는 걸
아직도 모르는 사람아, 사람아

# 빈 잔의 자유

노을빛 고운 저물녘
망팔望八이 졸고 있는 툇마루
보랏빛 추억이 라일락 향기로 피어난다

와인 빛 고운 마음
시퍼런 비수 같은 마음
내 마음도 내 맘대로 못한 한평생
마음은 비울수록 가벼워지는 걸 알아가는 나이

무에 그리 서러운가 하루해가 지는데
한 생이 하룻밤 꿈같은 걸
풍선처럼 가볍게 하늘 높이 오르고 싶은 건
바람 탓은 아니야

부질없는 욕심으로 채워진 잔을 비워라
빈 잔의 자유를 이제 알겠네
바람 탓은 아니야
은근한 와인보다 짜릿한 위스키
황혼빛 고운 노을로 수정되는 빈 잔의 자유

# 달과 바다처럼

멀고 먼~ 하늘에서 두레박을 내리고
바다를 당겼다 놓았다 하며
끊임없이 구애를 보내는 달빛

무심한 듯 밀려오고 밀려가는 파도는
날마다 월력에 끌려 몸부림치며
오매불망 아득히 먼 하늘의 달을
수 천 년 바라만 보고
일편단심으로
한 걸음 다가가면 한 걸음 물러서는
영원히 닿을 수 없는 거리

간절함으로
당겨도 보고 밀어내 보기도 하면서
수 억 년 그 자리에서 맴돌고 있는
달과 바다 같은 너와 나

# 한계령

운무가 골짜기를 휘감아
산과 산 사이 첩첩 무아지경이다
아~
탄식처럼 튀어나오는 소리
저 골 깊은 인내의 한계는 어디쯤일까

주목은 천 년을 산다는데
저 무아의 절경을 먹고 산다면
나도 천년을 살 것 같네

아득한 절벽에 매달린 난감함도
운무에 가리면 한 폭의 풍경화 되겠네

간간이 삶에 한계를 느낄 때면
늑골 사이로 빠져나가는 바람 서늘하지
바로 한계령 바람처럼 시린 바람이지

# 정녕 몰랐네

바람 소리 허밍처럼 들려와
세월 가는 줄도 모르고
푸르던 잎새 단풍 드는 줄도 몰랐네

허둥지둥 방황하던 길 위에서
파르르 떨어지는 낙엽 보고
외로운 가을인 줄 알았네

날마다 푸른 잎 잘라 먹으며
죄짓고 사는 줄도 몰랐네
노을빛으로 물드는 단풍잎에서
나를 만났네

아등바등 사느라
세월이 가는 줄도 모르고
내 생이 단풍드는 줄도 몰랐네

# 장미의 변신

– 드라이플라워

플라워 디자이너 가위는 인정머리가 없네
고운 장미의 미소는 아랑곳없이
사정없이 팔다리 숭덩숭덩 자르고
파랗게 질린 장미 파르르 떨면
눈물 같은 이슬이 후드득 떨어지고
핏기 잃은 줄기마다 덜컹 문을 닫는다

처마 끝에 거꾸로 매달린 채
어지럼증에 시달리는 장미
고운 꽃잎 입술만 탐하는 듯
바람은 농담처럼 꽃잎을 흔들고
황홀한 꽃향기 잃어버리고 수척하게 마른 몸매
장미의 변신은 누구의 죄인가요

싱싱함을 대신한 완숙한 여인 같은 말린 장미
우아하게 변한 입술로 바스락거리면
바람에 그대 변천사를 속삭여 주네

## 동백섬에서

하늘빛 배경으로 접어둔 선 하나
나붓이 밟고 오시는 이
푸르게 웃는다

해운대 동백섬 끝자락
품에 넘치는 바다를 안고도 외롭다
푸념하는 갯바위
욕심을 버려라. 귀신 들을라

안녕을 비는 가난한 어부 아낙
간절한 기원은
파도 소리에 묻혀 버리고
누가 보낸 신호탄인가
저 눈부신 포말

애달픈 사연 먼 뱃길 따라
눈물의 흔적을 더듬어 가면
고깃배 집어등 꽃처럼 피어나고
인어공주 지느러미엔 전설이 피어난다

# いこいの広場

– 이코이의 광장

푸른 하늘 넓은 공원
평화가 가득한 いこいの広場
벤치에 나 홀로 이방인 되어 앉아있네

잔디도 푸르고 나무도 푸르고
하늘도 푸른 이곳
사람도 푸르구나

여유로운 산책객 하나. 둘. 셋,……
초록물 툭툭 흘리며
푸른 광장을 걸어가네
푸른 물이 든 강아지도 따라가네

감옥도 아닌 공원 벤치에 갇혀있는 나
적색 수갑에 꽁꽁 묶여
나 홀로 붉은 피 흘리네

푸른 하늘 넓은 광장
평화가 가득한
いこいの広場
벤치에 멍때리는 여자가 있네

# 살풀이춤

하얗게 비운 마음 소복으로 나선 춤꾼
애원의 간절함을 허공에 걸어놓고
움직일 듯 말 듯 어깨춤이 시작된다

빈손으로 왔으니 빈손으로 가라 하네
마디마디 맺힌 한恨을 풀어내는 춤사위
잦은몰이 장단에 맞춰 휘감았다
풀어내는 하얀 수건은 하늘을 울리고
가녀린 어깨춤은 관중을 사로잡는다

고고성으로 왔어도 바람처럼 가는 인생
알량한 사랑 한 줌에 인연의 끈 놓지 못하고
훨훨 이승을 떠나지 못한 가련한 영혼아

고수의 살풀이장단은 끊어질 듯 이어가고
무당의 신명이 하늘에 닿았는지 어깨춤은
절렁거리다가 혼령을 얼러주고 달랜다
구천을 떠돌지 마라. 미련을 버려라

기진한 혼백을 씻기던 수건이 휘휘 몸부림칠 때
안개처럼, 나비처럼 소리없이 날아오르고
춤꾼의 애절한 몸짓은 슬픔처럼 눈물처럼 흐른다

# 강아지풀

품팔이 간 엄니는
해 저물도록 오지 않고
허기진 그리움에
개울가 강아지 친구
만나러 간다

반갑다고 꼬리 치는 강아지
손바닥에 올려놓고
오요요 오요요 부르면
살랑살랑 꼬리 흔들며
좋아라. 반기는
보송보송 강아지 꼬리

# 웃어 보세요

팍팍한 세상에 미소만 한 게 또 있을까
웃음을 잃은 사람은 웃을 일이 생길 리 없지
모두 행복해지는 일
웃음만 한 게 또 있을까

사람을 단박에 자기편으로 만드는데
미소 작전이 최고지
처음 만난 사람도 까다로운 사람도
눈가에 웃음이 묻어있으면
무턱대고 드는 친근감
슬그머니 마음에 빗장 풀리게 되지

미소는 이해와 화해를 낳는 사랑이지
꽁꽁 언 마음도 쉽게 녹여주고
활활 타는 불같은 성깔을 잠재우는 마술이지
모두 행복해지는 일
웃음만 한 게 또 있을까

# 제7부
# 푸른 시선에 가슴을 베인 듯

**제7시집 - 푸른 시선에 가슴을 베인 듯**

세종출판사 예정

대표시 - 을숙도 현대 미술관. 벽조목과 명장

# 나의 마일리지

눈물에도 마일리지가 있다
눈물은 공짜가 없으니까

누구는 마일리지 포인트로
미국 가는 비행기 표를 샀다는데
나는 눈물의 마일리지로 사랑을 샀다

항공권 특별 카운트 서비스로 주는
포인트, 적립하면 지구를 반 바퀴 돌지만
평생 쌓은 나의 눈물의 마일리지
사랑의 특별 카운트 왜 몰라주나

눈물로 침묵으로 저장된 인생 카운트
나의 삶 나의 추억이 쌓인 포인트 점수
나 혼자 간직한 마법의 포인트 점수는
지구 반 바퀴보다 먼 나의 한평생

## 비파를 켜는 그녀

잠이 달아난 동짓달 긴긴밤
낡은 기와집 지붕에 매달린 바람처럼
싸늘한 초승달 눈치를 살필 때

무심한 달팽이관을 흔드는 비파 소리
심금을 울리는 저 소리
생의 그물처럼 긴급 타전으로
나를 가두네 모스부호처럼……

비파나무에 걸린 별똥별은
잘 익은 비파 열매와 연애를 할 때
죄 없는 성장통을 울리던
비파를 켜는 그녀가 거기에 있네

# 이어도는 알고 있다

아직도 무간지옥을 방황하는 너
이어도 이어도 끝 간데 없는
세월의 실타래 풀어 놓고
실마리를 찾지 못하네

망망 바다 밑에 뿌리를 내린 암초
청춘 바친 어부들 영혼을 부여안고
울음 곳간 열어놓고
해녀들 곡소리를 저장하고 있구나

노구로 파도 만평을 위로하기엔
이미 지친 해녀의 노래
울며 매달리는 파도야 파도야
하루에도 수 십 번씩
잠수하다가 솟구치는 바다의
처절한 아픔을 이어도는 알고 있구나

# 마누라 지청구

감자가 싹이 나면 못 먹는 것도 모르세요
마누라 지청구에
검은 봉다리를 들고 서 있는
저 남자의 뒤태가 어정쩡하다

마누라 심부름으로 사 오긴 했는데
어쩌나 어쩌나 구시렁대다가
검은 봉다리 슬며시 열어보니
주름진 얼굴을 외로 꼬고 누워 있는 씨감자
마누라처럼 중얼거리는데

바다의 연어나
대지의 감자나
모두 자연을 거스르지 않는 걸 모르세요
새로 태어나는 제 새끼를 위해
제 한 목숨 바치는 자연의 섭리를 아직도 모르세요

새파랗게 놀란 싹튼 감자의 지청구에
어정쩡한 남자는 이제야 알겠다고 끄덕인다

# 가을 간이역

두 줄의 긴 선로 변에서 서성이며
누군가를 기다리는 가을처럼 피어있는 꽃
산모퉁이를 돌 때마다 기차는 기적을 울리고
기적이 울릴 때마다
두근거림을
살랑살랑 흔들림으로 말하는 저 살살이처럼
작은 간이역에 추억 같은 긴 그림자로
막막하게 누군가를 기다리며 서 있는 여자

바다가 보이는 작은 마을
당신이 도착할 레일을 따라
열차는 정시에 멈춰 서지만
타는 사람도 내리는 사람도 없다
텅 빈 대기실을 기웃거리는 코스모스
그리움으로 길어진 목이 안쓰럽다

날은 저물고
그리웠던 날들을 회상하듯
달빛만 내려와 빈 벤치를 지키고
갈 곳 잃은 가랑잎만 서성이는 곳

# 백치여서 다행이다

나의 방황은
언제나 바다 앞에서 시작되는데
어쩌면 길 잃은 여행의 시작이다

파도의 음계는 언제나 오독으로
나를 당황하게 만들고
무작정 이정표 없는 길을 걷게 한다

계절과 계절 사이에서
아무 거리낌 없이
죽어가고 태어나는 생명을 보라
그들은 하늘의 이치를 알고 있다

밤마다 향초를 켜고
두 손 모아 번제燔祭를 올리는
제사장의 간절함을 너는 아는가

다만 하늘의 이치를 모르는 나
백치여서 다행이다

# 을숙도 현대 미술관

가상 사운드 뮤직실, 천장에서 내려온 줄과 바닥의 종이 상자, 연결된 암호들이 음표를 만들며 내통하고 있다. 가느다란 줄이 얇게 바르르 떨면 상자의 입술이 빗소리를 만들어 낸다. 빗소리라는 문자를 눈에 담고 천천히 마음을 비우고 눈을 감으면 부드러운 강바람 불어오고, 음향은 점점 커지는데 처음에는 빗소리 바람 소리 그사이에 시든 꽃이 떨어지고 수십만 개의 소고 소리 점점 크게 울리는데 큰북을 치며 빗속에 젖어 든다. 내가 운다. 빗속에 젖어 울고 있는 나, 회오리바람을 가르며 하늘로 오르는 소복의 어머니, 손을 내밀자 천둥 치고 번갯불 번쩍하는 섬광에 눈을 뜬다. 큰북과 작은 북은 간 곳 없고, 천정에서 내려온 가느다란 줄이 종이 상자를 흔들고 있다.

경북일보 문학대전 詩
은상 수상작

# 달빛을 등에 지고

진달래 다문 입술 참지 못하고
환하게 벙그는 3월 어느 날

몇 달째 말문 닫은 우리 어머니
더는 못 참겠다는 듯
손을 흔들어 수신호를 하시더니
어둑어둑 해거름에 마실 나가시듯
집을 나서시네
흰나비 날개처럼 소리도 없이 가시네

오매불망 저승길도 따라가겠다고
보채는 눈물은 본체만체하시네

한 번도 가본 일 없는 머나먼 길을
환하게 달빛을 등에 지고
꽃길을 가시는 듯 훨훨 날아서 가시네
마실 나가시듯 집을 떠나 가시네

## 달빛을 등에 지고 2

어야디야
가자가자 어서 가자
내가 생겨나 난 곳 本鄕으로 가자
한 세상, 어야디야 잘 살았다
돌아보니 머나먼 길
꽃길도 가시밭길도
내가 감당할 만큼 주셨구나

어야디야
가자가자 어서 가자
괴나리봇짐 대신 달빛을 등에 지고
내 가는 길 환하게 비추며
어야디야 콧노래 부르며 本鄕으로 가자
사는 동안 가시밭길이라 험난하다
불평도 했지만 돌아보니 꽃길이었네

어야디야 가자가자 어서 가자
한 세상, 어야디야 잘 살았다
노래하며 춤추며 가자
내가 생겨난 本鄕으로 가자

# 벽조목과 명장

벽조목과 명장의 한판 씨름이 시작된다
숨 막히는 순간이다

벼락을 맞고 저승을 다녀온 대추나무
이미 사리가 되어 칼끝을 저항하고
시치미 딱 떼고 어깃장을 놓으며
장인의 손을 희롱한다

번갯불에 덴 아픈 상처를 어루만지는 그는
수술대에 누운 아기를 다루듯
조심조심 혼신魂神을 다하는 정성에
벽조목도 순해지는데

어려운 수술 끝에 행운의 길을 여는 순간
조각칼을 쥔 명장의 손이 찌릿하다
지뢰의 뇌관을 건드린 듯 등줄기에
진땀이 난다

부산 시단
작품상 수상작

# 고소한 빗소리

비가 내린다
비가 오는 날은 지짐이가 제맛이다
생각만으로도 군침이 돈다

자글자글 파전이 익는 소리
철판에서 빗소리 들린다

그 옛날 흰 수건 머리에 두른 어머니
돼지비계 한 덩이 솥뚜껑 위에 던져 놓고
장작불 피우면 들리던 고소한 빗소리다
아련한 소리에 눈을 감는다

고소한 빗소리 그리운 저 소리가
반백 년 지난 지금 다시 들린다
그때 그 토담 아래서 들리던 소리
지짐이 맛보러 오너라
뒤꼍에서 어머니 날 부른다

# 그림자를 지우며

그림자를 지우며 오로라가 온다
내일의 설렘을 맛보는 중이다

아무도 기억 못 하게
그림자도 만들지 않는 어둠은
망설임 없이 무장 무장 걸어서
내게로 온다
어둠의 야성은 침묵으로 온다
설익은 하루 치의 내 생을 먹어 치우고
새로운 빛으로 향한다

날마다
숨겨둔 상처는 탈출을 꿈꾸며
캄캄한 벽의 경계를 맴돌고
밤마다 문풍지처럼 떨며
새벽을 기다리는 나
살살이 꽃처럼
가느다란 목 길게 빼고
내일의 설렘을 맛보는 중이다

# 귀전우鬼箭羽

- 화살나무

꽃보다 아름다운 열매로
귀신을 속이고
바람의 음모에 가담하며
위험한 장난을 꿈꾸는 너

너의 겨드랑이에 감춘 비화는
나비의 날개처럼 위장하고
아무도 모르게 홍심을 적중하는
귀신을 쏘는 화살이란 말이지

모사꾼의 말을 믿지 않는다는 모사나무가
바로 너란 말이지
귀신도 무서워한다는 말 믿어도 될까

# 화살나무의 꿈

가지마다 화살을 장전하며
무사의 정신을 키우는
단호함은 화살나무의 의무다

봄밤에 새파란 화살촉을 키우며
승전의 전의를 불태우다가 언뜻
궁금증으로 아직도 몸살을 앓는다
아비의 아비는 정말 무사였을까

계절이 바뀔 때마다 자진해서 속죄하며
화살은 위험한 장난이라고
거두절미하고 레드하트를 만들며
핑크빛 청춘으로 후생을 꿈꾸는 나무

# 목탁새

이른 아침부터 참회하고
참선이라도 하는지
숲속에 청아한 목탁 소리
목탁 치며 염불하는 너는 누구냐

무슨 사연 그리 깊어
죄 없는 나무를 쪼아대며
애절히 하소연하느냐
그토록 간절한 발원이라면
부처인들 돌아보지 않을까

새야새야 목탁 새야
저 나무속 깊이 파고 들어가
연화좌蓮花座라도 틀고 앉으려 하느냐
네 목탁 소리 청아하고 가련해서
서러운 비구니도 가던 길 멈추고 합장을 한다

# 아바타 지우기

노란 울음이 지친 듯
붉은 얼룩으로 변해가는데
숲의 웅성거림은
나를 보고 키득거린다

멀쩡한 잔돌 툭툭 발길질해대도
체머리 설레설레 흔들어 봐도
상처의 기억은 꼬리를 문다

오래전 삼킨 울음이 살아서
봉인을 뜯고 들썩거린다
빰이 얼얼하다

접수한 암호에 재빨리 응답하라
고막을 염탐하던 모스부호
거추장스러운 기억은 삭제하라
타다 타다닥 암호로 타전된다

응답에 접수된 필름
재빨리 명령에 복종하니
흘러간 다큐멘터리 한 편
휘리릭 바람 따라 사라진다

# 풍문으로 들었소

모락모락 피어나는 연기는
굴뚝에서만 나오는 게 아니라네
누구의 입방아에서
찧어내는지 아무도 모르는 소문

근거 없이 떠도는 소문
풍문으로 들었소
심심풀이로 씹지 마라

조바심을 일으키는 유혹적 낭설은
애먼 사람 잡는다
속절없이 당하는 사람
바로 너일 수도 있다

# 일탈을 꿈꾸며

빌딩 숲에서 숨 막힐 듯 답답할 때
나는 오늘도 일탈을 꿈꾼다

작은 옥탑방에 따개비처럼 붙어서
세월을 딸꾹질로 탓하지 말고
새처럼 창공을 날아봐

풀과 나무와 새의 밀어를 염탐하며
맨발로 걷다 보면 이미 자연에 동화되어
근심 · 걱정 미움이 하늘 멀리 날아가고
피톤치드의 푸른 미소에 몸이 먼저
그리운 통증으로 몸살을 하지

새의 날개보다 더 빠른 바람이 후려쳐도
문턱에 걸려 넘어져도 가끔은
간간이 꾸린 배낭 하나 둘러메고
도심을 빠져나가 보자
일탈을 꿈꾸며

# 경주 주상절리

잔잔한 파도 멈칫거리다
놀란 듯 뒷걸음질하며
파도가 밀려간 자리
놀라워라

바닷가에 꽃처럼 누워 있는
저 검은 돌무더기
해국을 그려 넣은 용왕님의 부채인가
바닷가로 밀려오는 파도를
다스리는 저 웅장함

바닷가에 누워있는 저 주상절리
무엇이 안타까워
꽃처럼 누워서 돌이 되었나

바다 밑에서 잠자던 뜨거운 용암
잠을 깨어 튀어나왔다는데

바다 밑 용암이 시샘이라도 하였던가
찬란한 신라를 예언하려던 용왕님 손
아~ 신의 한 수로구나

# 철새 한 마리

– 을숙도 현대미술관

철새 도래지 을숙도에 사뿐히 내려앉은
수직 정원은 거대한 학 한 마리

이국에서 날아온 철새처럼 낯선 현대 미술관
외관 벽 전체를 정원으로 꾸민 수직 식물원이다
힐링의 상징처럼 다양한 종류의 꽃과 나무들이
아슬아슬하게 매달려 얼핏 난감한 표정인데
작은 풀꽃도 이파리 큰 나뭇잎도 덩굴 식물도
새로운 터전이 두려운 듯 저희끼리 수런거릴 때

부드러운 낙동강 강바람 농무를 안고 달려와
어루만지듯 풀잎을 감싸 안으며
아~
하고 감탄한다
보기 드문 멋진 철새 한 마리 여기
을숙도에 둥지를 틀었구나

# 수직 공원을 만나다

철새 도래지 을숙도에 사뿐히 내려앉은
수직 정원은 우주를 관장하는 거대한 학 한 마리

수직을 꿈꾸며 달리다. 아득한 안개 속 우주에 들어온 나 뇌성을 동반한 만 볼트 번개가 나를 관통하니, 영혼처럼 가벼워진 나는 우주의 별과 접선이 되고 결국 우주인이 된 채 거침없이 건넌 강은 신천지다

우주를 돌고 돌아 나만의 궁전을 짓고 탑을 세우고 꿈에서 만난 과학적인 전동식 장치로 비를 내려 붉고 푸른 식물을 키우다 색다른 꽃을 피우고 별들의 생각을 견인하여 손끝에서 나오는 전자파가 거름이 되고 양식이 되고, 모스부호가 연결된 손가락 하나로 천체를 관장하며 즐기고 있을 때였다

바로 꿈속에서 그리던 수직 공원을 을숙도에서 만났네

# 여름밤의 불면

어둠은 느리게 걸어서 도시를 점령하고
점점 세상을 먹어 치우고
내 안의 등불마저 흔들어 댄다

방안의 침묵은 잠을 보채고 있는데
관념에 갇힌 자유는 뒤척이다 결국
몸부림치며 쓰러지는데
망상의 나래는 여유롭게 하늘을 날고
꿈을 좇던 하품은 잠을 딛고 일어나
아물던 상처를 뜯어내고 있다

붉은 태양의 핏방울을 먹고 자란
칸나는 점점 흥분으로 피어나
긴 목을 도도하게 젖히고
여름밤을 장악하던 습관으로 일어선다
희붐한 새벽이 올 때까지

# 기도

푸른 초원이 그리웠어
답답한 면벽에서
보이는 것은 캄캄한 절벽뿐이었지

말씀 한 줄이 그리워서
그 앞에 무릎 꿇고 싶어서
깊은 밤 골고다 돌산을 혼자 올랐지
낯선 흐느낌을 따라가면
따뜻한 불빛이 보일 것 같아서
하늘에 떠 있는 희미한 발자국 따라
무작정 갈지자로 걸었지

푸른 초원을 만나면
거기 바로 유목민의 안식처
게르가 있을 것 같아서

향기 나는 위로의 말씀 한 줄이 그리워서
숨 막히는 심해 같은 가슴을 달래며
간절함으로 두 손 모아 보았지

# 엄마 거기 어디야

엄마가 되어서야 겨우
엄마를 알게 되었네

우리 엄마는
언제나 어디서나 내 편인 사람
무슨 말을 해도 괜찮은 사람
무엇이든 내 맘대로 해도 되는 사람
무엇이든 내게 다 양보해 주는 사람
우리 엄마는 그랬다

지금은 보고 싶어도 볼 수 없는 사람
지금은 꿈속에서만 그리는 사람
지금은 내가 엄마가 되었네

어디서도 누구에게라도
내 속마음 다 털어놓을 수 없는 지금
엄마 계신 곳 그곳에 가고 싶네

# 얼룩도 꽃이라네

목구멍이 포도청이라 했나
배고프다는 엄포에
허겁지겁 서둘다가
그녀는 깨끗한 앞자락에
붉은 김칫국물 흘렸네

실수는 옷 점이 아니라는 듯
붉은 얼룩이 된
김칫국물
당당하게 꽃을 피우고
만인의 눈길을 끌고 있네

아픈 생채기가 붉은 얼룩으로
꽃이 된 그녀
감추지 못한 홍조로
앞가슴 섶을 야무지게 콱 물고
얼룩이 아닌 꽃이라 하네

## 강물처럼 살자

산골짜기를 잠방대며
유유히 흐르던 물
가파른 벼랑에서
딱,
숨을 멈춘 뒤에
낭떠러지로 굴러 떨어진다

심호흡 한 번에 물보라 일으키고
언제 그런 일 있었느냐는 듯
강가의 풀잎 희롱하듯 툭툭 치며
앞서거니 뒤서거니 흘러서 간다

흰 구름 따라서 하늘까지 가려던
강물은 물푸레나무
우듬지까지 만 푸르게 하고
아무 일 없다는 듯
앞서거니 뒤서거니 졸졸졸
또 흘러 흘러서 간다

## 행복幸福

아무에게도
보일 수 없는 비밀 하나 생겼어요
보고 싶고 그리울 때

나 혼자 살짝 꺼내 볼 수 있는
정 하나 숨기고 살아요

아무도 보는 이 없는데
그 정 하나 남몰래 꺼내 보면
쿵쿵거리는 이 가슴을 아시나요

바람만 살짝 불어도
온몸에서 향기가 나는 꽃처럼
그대 생각
가슴에 품고만 있어도
화사한 복사꽃 냄새가 나요

아무도 보는 이 없는데
복사꽃처럼 붉어지는 ……
비밀처럼 감춘 이야기 듣고
한줄기 바람으로 내게 오소서!

# 자화상

산길에서 만난 벌레 먹은 나뭇잎 하나
앙상한 실핏줄 같은 줄기가
가여워서 가만히 만져 보다가
멀리멀리 떠나라! 잘 가라
그대로 냇물에 던졌습니다

가난한 영혼 하나
물살에 떠밀려 뒤뚱거리네

모시나비 한눈팔다 물에 빠진 듯
이리저리 부딪히며
물결 따라 떠내려가는 모습

애처로워 눈물 납니다

상처로 아픈 마음 다독이며
흘러 흘러가다 보면
넓은 바다를 만 날 테지요
아우성치는 파도를 만나면 한데 어울려
한바탕
마음껏 소리라도 질러 보라고
속으로 위로하며 손 흔들었지요

제8부

# 노을빛 속으로

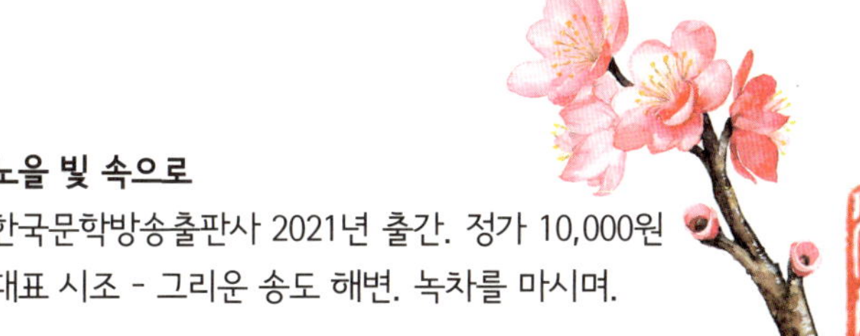

**노을 빛 속으로**

한국문학방송출판사 2021년 출간. 정가 10,000원

대표 시조 - 그리운 송도 해변. 녹차를 마시며.

## 달항아리

– 이조백자

두리둥실 떠오르는 달처럼 환하네
이녁의 곁에 서면 그 자태 너그러워
뉘라도 순수해져서 마음을 비우지

순백의 우윳빛 부신 듯 아련해도
토태土胎에 숨겨진 단단한 심기는
언제나 휘영청 밝은 달님으로 계시네

오백 년을 살아도 늙지도 않으시니
대리석 하얀 피부는 아직도 고와라
그 자태 눈부시어라 환한 보름달처럼

# 외돌개

망망한 바다를 활짝 펼쳐놓고
아직도 무슨 생각 하 그리 깊으신가
벅수로
장승이 되어 넓은 바다 지키시나

곡절 많은 바람도 파도의 너울춤도
시샘 없이 말없이 지켜만 보시고 그
파란의
대 서사시를 곰곰 살펴 읽으시다

# 폐廢타이어

작은 통통배 옆구리에 매달려서
출렁이는 짠물에 발을 담근 채
실치도
산드러지게 춤추는 바다에 왔다

목선을 온몸으로 동그랗게 끌어안고서
누구를 해치지 않고 보호해 준다는 일
파도의
왈츠 곡으로 짜릿한 이 즐거움

# 연꽃

열릴 듯 다문 입술
보일 듯 숨은 미소

진흙탕 젖은 발이
말없이 서러워도

조용히
피어 올린 꽃
비구닌 듯 고와라

# 송도 암남공원

바다와 맞닿은 거기는 아찔한 땅끝
초여름 실록에 어우러진 바다내음
하늘도 바다도 함께 전설 같은 안개 속

솔향기 그윽한 공원에 푸른 숲은
청풍이 끌어온 출렁이는 파도소리
그리움 고인 자리에 바다가 먼저 와 있다

나선형 층층다리 굽이굽이 내려오면
쪽배에 돛을 올리고 떠나고 싶은 수평선
저 멀리 선홍빛 노을 서사시로 저문다

# 그리운 송도 해변

바다 보러 추억 보러 가는 길 송도 해변
눈물 빛 진줏빛 몇 자락을 감고 돌아
맨발로
아리게 밟은 거북섬이 그대로 다

가슴 팬 그리움도 차마 못 잊어
푸른 솔 송림 공원 詩처럼 그림처럼
백 년의
아픔을 삼킨 물안개가 슴벅인다

시련의 역사는 아득히 멀었는가
눈물 젖은 그 추억 애면글면 바람 되어
바람이
내 옷자락을 휘몰이로 받는다

* 송도해수욕장 개장 100년 문예작품 공모상 수상작

# 콩나물시루 속의 여자

시루에 앉은 첫날 세상은 캄캄했지
한바탕 야윈 몸살 서럽게 울음 울고
어둠에 익숙해지며 살아있어 놀랐네

꼬투리 부풀듯 마음도 부풀어서
가슴속 그리움이 물소리로 흐를 때
동이 속 어둠이 키운 사각사각 한 여자

담황빛 줄기 끝에 고운 듯 가녀린 발
생명의 노래처럼 달싹이던 서러움에
눈물을 질금거리다 환해지는 저 여자

# 눈부시다

수천만의 하얀 꽃잎들 나란히 봄볕을
나누어 안고 해맑게 웃는 저 순결함
말없이
가버린 너 같은 조팝꽃 눈부시다

눈물 덜 마른 뽀얀 얼굴로 내 가슴을
파고들던 너 같다 후미진 산기슭에
외롭게
서서 환하게 웃는 조팝꽃 눈부시다

오래 기다린 그리움의 보람처럼
한 아름의 꽃 무더기 환하게 웃어주네
꽃처럼
하얀 네 얼굴 눈부시게 고와라

# 해녀海女

갈매기 둥지 찾아 파도를 넘나들 때
바다를 품어 안고 거치른 숨비소리
모진 생 바다에 싣고 꿈을 캐는 아낙네

그 질긴 생명줄을 수평선에 걸쳐 놓고
손안에 쥐어 보는 싱싱한 소라 전복
하얗게 숨을 고르며 삶의 부표 당긴다

짠물에 불어터진 어미 손 애달프다
바다가 알겠는가 한 많은 깊은 설움
오리발 빗금을 긋는 자맥질만 푸르다

## 노을빛 속으로

부초처럼 물 위에 떠서 아슬아슬
한 생을 애처로운 꽃잎처럼 살아도
황혼이
오면 보아라 노을빛 하늘보다 곱다

해와 달이 공존하는 하늘나라 그리워
밤마다 꿈속에서 고향 가듯 가는 나라
노을빛
속으로 가자 꿈속에도 그리운 그곳

# 녹차를 마시며

연둣빛 푸름이 온 산을 적시는 날
늦은 봄 햇살이 마루 끝에 내려앉고
산새도 마실 나가고 빈 뜨락 고요해라

포~로스름 우전 차 청아하게 녹아 있고
종달새 둥지처럼 아늑하고 따스한 찻잔
은근한 김이 오르네 안개 같은 그리움

시답지 않은 시름일랑 잠시 내려놓고
한 모금 머금은 찻물에 젖어 드는 아련함
청아한 물빛에 어려 찻잔 속이 고요해라

* 부산 차 문학상 수상작

## 봄이 오는 소리

얌전히 사분사분 내리는 이슬비
잔설을 녹여내는 정다운 수런거림
온종일
속살거려도 끝이 없는 저 수다

봄 오는 길목마다 꽃들의 시새움
개나리 진달래꽃 꽃다지 달맞이꽃
배시시
웃네 봄바람 간지럼 참지 못하고

봄바람 유혹에 옷고름 풀리는 듯
冬安居 풀려서 기지개 켜는 소리
봄비에
젖은 흙 깜짝 놀라 깨어나는 소리

# 쑥

눈雪바람 마디마디 에이는 그 아픔
속잎에 감춰두고 견뎌낸 가녀린 것
봄 햇살
환한 미소가 다정하게 보듬네

논둑도 밭둑에도 메마른 산비알도
그윽한 향 담아내는 신비한 재주 좀 봐
비구니
발자국처럼 파릇파릇 고와라

# 쑥 같은 그녀

아지랑이 춤추는 곳 봄볕이 기웃거릴 때
잔설 사이 살그머니 나오는 저 쑥 좀 봐
새색시 발자국처럼 파릇파릇 고와라

아슴아슴 여린 손 살그머니 내밀어라
양지쪽 햇살 보고 배시시 웃는구나
파릇한 고운 미소가 봄바람을 불렀나

서럽고 차가운 냉대 온몸으로 견뎌내는
주막집 서산댁은 들녘의 쑥일 런가
전생은 아득하여도 벼린 꿈이야 없었으랴

단정한 앞치마에 엉겨드는 시련에도
얼굴이 멍이 들어 푸르게 쑥색 되어도
속내를 보이지 않는 수더분한 저 여자

언제나 웃고 있어도 해쑥처럼 안쓰럽고
속내를 감추어도 쑥 범벅같이 어설프다
은은한 향내가 나는 쑥차 같은 저 여자

## 청산이나 가자네

선잠을 다독이며 깊은 밤 뒤척이는데
별들이 염탐하듯 내 방을 기웃거리네
별처럼
빛나라 하네 하늘 높이 오르라 하네

달빛이 숨어든 어스름 구석방에
상처로 진을 친 서늘한 꽃 그림자
물처럼
흘러 흘러서 청산이나 가자고 하네

# 한로寒露

저 풀꽃 어쩌나
찬 이슬 내리는데

야위어 가냘픈 몸매
속절없이 시들어 가네

어쩌나
가여운 풀꽃 작은 아씨 시린 저 손

## 꽃잎 같은 여자

봄날이 간다고
절규하지 않는다

시들어갈지라도
새순 하나 틔어놓고

또다시
새봄을 기다려 둥지를 트는 꽃이다

## 은행잎 연가

빛바랜 일기장 속
퇴색한 은행잎 하나
발가벗고 누워있네
그 옛날의 추억들
메마른
갈피에 곱게 수를 놓는 은행잎

동동 맺은 인연 줄
타래로 묶여서
갈피마다 추억으로
퇴색한 은행잎에서
오래전
잊었던 얼굴 햇살처럼 걸어 나오네

## 기다리게 해놓고

기별만 보내놓고 왜 이리 더디 신지요
싸락눈 물안개 되어 온몸을 적시는데
동구 밖
까치발 들고 오락가락 서성입니다

지는 해 서산마루 가지 끝에 걸린 채
어서 들어가라고 자꾸만 손짓합니다
까치가
울면 손님이 오신다기에 서성거리네

노을빛 재촉에 그냥 돌아서는데
등 뒤에서 들리는 소리에 놀라서
발걸음
멈추고 돌아보니 아무도 없습니다

# 해 질 녘 호숫가에서

내 마음에 드리운 안개 같은 그리움
물결도 잔잔한 호수에 비친 풍경처럼
물 위에
비친 내 그림자 눈물같이 서럽네

나는 지금 울컥 저물고 있다는 생각
가버린 계절과 청춘을 그리워함인가
미래가
두려운 건지 아직 나는 모르네

다만, 물에 비친 황혼의 아름다움에
피고 지는 생각 그냥 눈물이 나네
고요 속
하늘 내려와 지켜보는 이 한때

# 설중매 2

한겨울 엄동에도 선비처럼 좌정하고
남몰래 내린 눈 은근히 보듬고서
그리운
정인을 본 듯 꽃눈으로 피었지

밤마다 이 우는 달 보며 詩를 읊다
스치는 새벽바람에 화들짝 깨어난
새아씨
부끄러운 미소 그 말간 웃음이여

# 대변항

어부들 부푼 소리 술렁이는 작은 포구
손 모아 올 린 치성 돌아온 풍어 소리
갯마을 작은 부둣가 은빛 고운 멸치 배

파드닥 튀는 멸치 싱싱해서 고와라
어기어 어기여차 신바람 어부 손길
대변항 후릿그물에 펄떡이는 생멸치

비린내 뱃전에는 생기가 넘쳐나고
그물을 터는 손 고단한 줄 모른다
밤새운 어부의 노래 햇살처럼 빛나네

부푼 소망을 담아 포구 찾아왔구나
마중 온 인정들이 훈훈해서 좋아라
사월의 눈부신 봄빛 덩달아서 고와라

# 추사와 참솔

– 歲寒圖를 보고

초막 위 달빛 따라 하얗게 내린 눈
임인 듯 적소를 보듬어서 품어 안고
에인 듯 살얼음 속내 시린 달을 품었다

추사의 옛 흔적 묵향으로 지켜보고
가만히 먹먹한 속내 필 획으로 풀어서
단정히 굵고 가늘게 푸른 가지 살핀다

헛헛한 눈시울로 옛 정취 그리는데
오두막 문틈으로 보이는 청초한 솔
이것이 추사체인가 물어보듯 흔들린다

한겨울 적거지謫居址에 우는 저 송백
선비의 곧은 절개, 푸른 지조 같아라
바람을 탓하지 말자 세작처럼 서러워도

# 청보리

영하의 강추위 춘풍으로 달래도
바람 손 보리밭을 흔들고 지나가면
청보리 파래진 입술 파르르 떨고 있네

밭이랑 사이마다 피어난 그리움들
들판의 저 푸른빛 내 유년 거기 있네
푸른 꿈 가슴앓이로 흔들리던 옛 추억

들판은 그대로인데 내 청춘 간곳없고
세상사 까칠해도 지난날은 달콤해라
청보리 익어가는 봄 비바체로 흔드네

## 이탈

메마른 아스팔트에
길 잃은 달팽이

덩치가 큰 집을 지고
느리게 두리번거린다

낯선 곳
숲은 꿈에서 본 듯하다 막막하다

# 생명

종지처럼 작은 둥지에 새알 하나 두고
숲 가꾸기 예취기의 소음에 놀란 어미 새
숨 막혀
오는 공포감 옴짝달싹 못 하네

우거진 덤불 말끔히 이발하듯 베어낸 자리
은신처 들켜버려 겁먹은 어미 잃은 새알
어미 새
저만치 숨어 콩닥 이는 새 가슴

저 작은 생명 어쩌나 놀라고 기막혀도
문서 한 장 없는 저 둥지 누가 지켜줄까
어미 새
숨죽여 우는 작은 소리 들어보라

# 콩나물시루속의 콩나물 같은 맑은 詩

시조시인 박옥위

시를 쓰는 일은 마음을 닦아내는 일이다. 아니 마음을 밝혀 내는 일이다. 마음의 상처는 시의 씨앗이 된다. 상처는 생의 상실에서 오지만 원초적으로 사람은 다 희로애락의 오감을 가지고 태어났다. 그것은 어떤 근원을 찾아가는 길인지도 모른다. 그 길에서 한 송이 꽃을 피우기 위해 그리움의 집을 짓는 것이 시다. 안행덕 시인은 시로서 시를 쓰는 데 일가견이 있는 시인이다. 이번에는 시조를 써서 보여준다. 시조는 國詩이니 우리나라 사람이면 누구나 쉬이 다가갈 수 있는 근원적인 영역이다. 쌍수를 들어 기뻐한다.

안행덕 시인의 시조는 볼수록 시조의 율격이 단정하다.

이조백자를 「달 항아리」에 비유하는 일은 이미 많은 시인이 읊은 주제이다. 그러나 보는 이들의 생각에 따라 아름답게 묘사된다. '떠오르는 보름달' '너그러운 그 자태' '토태土胎에 숨겨진 단단한 심기'를 읽어내며 이조백자를 언제나 떠

오르는 '휘영청 밝은 달님'으로 자리매김하고 있다. 그윽한 서정이다.

「외돌개」에서는 이순신 장군을 '벅수'라고 하니 그것은 또한 그 시대의 그의 심상을 대변한 것인가. '곡절 많은 바람' '시샘 없이 말없이' '파란의 대 서사시'에서 다시 한 번 이순신의 애국충정을 읊어보는 것이다.

「폐廢타이어」는 폐품 이용이라는 명제다. '작은 통통배 옆구리에 매달려서' '목선을 온몸으로 동그랗게 끌어안고' '짠물에 발을 담근 채' '산드러지게 춤추는 바다' 한때 젊은 이 아닌 사람 어디 있던가! 지금은 천대받는 노인들의 손자 사랑의 마음이 왜 읽히는 것일까! 손자 사랑하는 할머니의 마음이 페타이어를 통해 다가온다. '파도의 왈츠 곡으로 짜릿한 즐거움'이라는 표현이 생기발랄하다. 늙는다는 것은 많은 체험을 했다는 것을 의미한다. 아름답게 늙어 또 다른 사회에 보탬이 되는 삶을 살아갈 일이다.

'연꽃'을 '비구니' 로 표현하기도 하며. 암남공원에서는 '그리움 고인 자리에 바다가 먼저 와 있다' 고 한다. 그것은 그리움은 바다라고 하는 말로 환치되기도 하니 '선홍빛 노을이 서사시' 가 될 수 있겠다.

송도해수욕장 개장 100주년 문예 작품 공모 수상작인 「그리운 송도 해변은」 '추억으로 가는 길' 그것은 '눈물 빛'이며 '진주 빛' 을 몇 자락 감고 돌아 맨발로 거북섬으로 가는 길이다. 그러니 '푸른 솔 송림'이 '시처럼' '그림처럼' '백 년의 아픔마저도 물안개로 슴벅이는 것'이다. 그리고 다시 '눈물 젖은 추억' 으로 휘돌아 돌아오는 것이다.

「눈부시다」 이 시조는 초장과 중장이 연결되어 있다. 숨결이 멎지 않고 단숨에 달려오는 시상을 바로 낚아 쓴 글이다 '말없이 가버린 너 같은 조팝꽃 눈부시다' 그것은 청춘일까! 잃어버린 꿈의 소리가 자잘하게 일어나 조팝꽃처럼 하얗게 피고 있는 것이다. '눈물 덜 마른 뽀얀 얼굴로 내 가슴을 파고들던 너' 는 시적 화자의 그리움인가! '오래 기다린 그리움' '한 아름의 꽃 무더기' 가 '눈부시게' 곱다.

시루에 앉은 첫날 세상은 캄캄했지
한바탕 야윈 몸살 서럽게 울음 울고
어둠에 익숙해지며 살아있어 놀랐네

꼬투리 부풀듯 마음도 부풀어서
가슴속 그리움이 물소리로 흐를 때
동이 속 어둠이 키운 사각사각 한 여자

담황빛 줄기 끝에 고운 듯 가녀린 발
생명의 노래처럼 달싹이던 서러움에
눈물을 질금거리다 환해지는 저 여자

—「콩나물 시루속의 여자」 전문

'절망은 희망이다.' 란 말이 「콩나물시루 속의 여자」 속에서 읽힌다. '캄캄한 세상에서 서럽게 울다' '가슴속 그리움이 물소리로 흐르고' '동이 속 어둠이 키운 사각사각한 여자' 에서는 생의 풋풋한 기쁨이 물결치고 드디어 '눈물을 질금거리다 환해지는 여자'로 돌아와 있다. 그것이 바로 안행덕 시인의 저력이자 모습이다. 녹차를 마시며 에서는 차 마시는 정경이고요하고 정갈하게 그려지고 있다 역시 부산 차 문학상 수상작이다.

「은행잎 연가」에서는 '오래전 잊었던 얼굴' '햇살처럼 걸어 나오'는 사람을 만나기도 하고 「설중매」에선 '선비' '정인' '날마다 이우는 달 보며 시를 읊는' '새아씨 부끄러운 미소 말간 웃음'을 건져내기도 한다.

생명의 파닥임을 만끽 하려거든 「대변항」으로 가볼 일이다. 거기에서 멸치 떼를 만나리라. 그리고 삶의 환희도 맛볼 것이다.

「추사와 참솔」은 추사 김정희 선생의 생애를 나타내었다. '초막 위 달빛 따라 하얗게 내린 눈' '임인 듯 적소를 보듬어 안은 선비' '에인 듯 살얼음 속내 시린 달을 품었다'라는 명절구를 만나기도 한다. '에돌아 그려낸 풍경 놀라워라 저물빛'(「문항리(文巷里, Munhang-ri)」) 같은 가구를 만나며 '정자나무 이파리마다 책장을 넘기는 바람' '담 넘어 글 읽는 소리 낭랑' 들리는 듯 바다 마을의 서정이 잡혀 온다.

「꽃잎 같은 여자」와 「콩나무 시루 속의 여자」는 오버랩된다. 삶의 관조가 여여 하다.

이상에서 훑어본 안행덕의 그의 시조관은 달 항아리 같이 고아하기도 하고 조팝꽃처럼 눈부시기도 하다. 그의 시적 소재는 먼 곳에 있지 않다. 그의 생활 한가운데에서 뿌리 내린 그의 시는 추사를 그리워하기도 하고 이순신 장군의 모습을 불러 온다. 그러나 그의 시의 핵심은 스스로를 시인의 반열에 곧게 세우는 작업으로 이루어져 있다. 페타이어에서 보여주는 정서는 인간존중 사상으로 기울어 있고 「꽃잎 같은 여자」와 「콩나물 시루속의 여자」는 다름 아닌 그의 자화상이라고 말할 수 있겠다. 아름다운 시상에 박수를 보낸다.

시는 '발견' 이다. 늘 새로운 마음으로 새로운 눈으로 사물과 조우해야 좋은 시를 쓸 수 있지 않을까. 좋은 시조를 쓰는 시인 한 분을 만나는 기쁨이 오늘 나를 행복하게 한다. 정진을 바라며.

2021. 5, 병산 송예원에서

한국문인협회 및 한국시조 시인협회 자문,
시조시인 박옥위

## 프로필 | 아호 湖月

2005년 『詩와 創作』으로 등단
한국문인협회 회원. 부산문인협회 회원
새부산시인협회 자문위원. 금정문인협회 수석 부회장
부산금정시낭송가 협회

**수상 내역**
2005년 시와창작 신인상 수상
2008년 푸쉬킨 시문학상 수상
2009년 후백 황금찬 시 문학상 수상
2011년 부산대학병원 생활 수기 공모상 수상
2012년 부산국제 茶어울림 문화제 공모상 수상
2013년 송도해수욕장 개장100주년 문예 공모상 시 수상
2014년 지역예술 창작 지원금 수혜
2015년 부산시단 작가상 작품상 수상
2016년 한국문화 예술특성화 지원금 수혜
2018년 부산 지역문화예술 특성화 지원금 수혜
2019년 부산시단 작품상 상 수상
2020년 제7회 경북일보 문학대전 시부문 은상 수상
2021년 우수 예술인 선정
2021년 한국 문화예술 우수예술인 지원금 수혜

**시집**
『꿈꾸는 의자』『숲과 바람과 시』『삐비꽃 연가』『비 내리는 강』
『바람의 그림자』『빈잔의 자유』『푸른 시선에 가슴을 베인 듯』

**시조집**
『노을빛 속으로』

**전자 시집**
『삐삐 꽃 연가』『바람의 그림자』『노을빛 속으로』
『푸른 시선에 가슴을 베인 듯』

**산문집**
『여행은 추억을 만들고』

**시선집**
『달빛을 등에 지고』

## 발간 저서 목록

제1시집
**꿈꾸는 의자**
책나무 출판사(2008) / 8,000원

제2시집
**숲과 바람과 詩**
세종출판사(2012) / 8,000원

제3시집
**삐비꽃 연가**
한국문학방송출판사(2012) / 10,000원

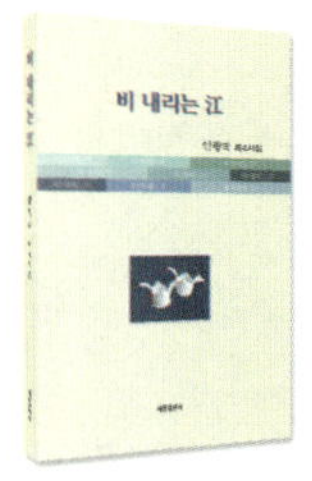


제4시집
**비 내리는 江**
세종출판사(2012) / 10,000원

제5시집
**바람의 그림자**
세종출판사(2014) / 12,000원

제6시집
**빈잔의 자유**
세종출판사(2018) / 10,000원

제7시집
**푸른시선에가슴을베인듯**
세종출판사(발간예정)

시조집
**노을 빛 속으로**
한국문학방송출판사(2021) / 10,000원

산문집
**여행은 추억을 만들고**
세종출판사(2018) / 12,000원

시선집
**달빛을 등에 지고**
세종출판사(2021) / 12,000원